C. DELAVIGNE.

NOUVELLE EDITION,

ORNÉE DE GRAVURES.

T. I.

DE L'IMPRIMERIE DE H. FOURNIER,
RUE DE SEINE, N. 14.

MESSÉNIENNES

ET POÉSIES DIVERSES

DE M.

C. DELAVIGNE

DE L'ACADÉMIE FRANÇAISE

NOUVELLE ÉDITION.

PARIS,
FURNE, LIBRAIRE-ÉDITEUR,
QUAI DES AUGUSTINS, N 39

M DCCC XXXV.

RÉFLEXIONS

SUR L'ESPRIT ET LE CARACTÈRE

DES MESSÉNIENNES.

C'est une chose digne de remarque, qu'à toutes les époques de son beau talent, M. Casimir Delavigne s'est toujours associé, soit à la pensée librement exprimée, soit aux vœux cachés, soit aux lointaines espérances de l'opinion populaire, et qu'il n'y a pas une seule de ses Messéniennes qui ne soit l'expression d'un besoin réel, ou l'écho d'un regret donné au passé, mais en vue du présent. On peut suivre dans ses vers le chemin qu'a fait l'opinion depuis 1815, car le poète est aussi historien : mais pour faire son histoire, il ne fouille pas aux archives de la guerre, ni dans les procès-verbaux de nos Chambres; il laisse là les petits hommes et les petites choses; il plane sur la France, il écoute cette voix que n'entendent pas les hommes d'État, il saisit cette pensée publique, où chacun contribue malgré soi et à son insu, pensée sourde, austere, inflexible, qui va droit son chemin, ne s'arrêtant pas au gré des intrigues de cour, et se riant également des caresses de la gloire et des piéges de la diplomatie.

Dès 1815, il débute dans la carrière par trois Messéniennes qui répondaient à la pensée du moment. C'était après Waterloo; quoique cette défaite ne fût venue qu'après vingt-cinq ans de victoire, les bons citoyens déploraient que la France fût ainsi mise hors de combat, et que le grand mouvement militaire qui avait remué toute l'Europe, et planté le drapeau tricolore sur toutes les capitales, se terminât par un échec à nos armes. Le poète alors prit sa lyre, et il chanta les vaincus; et au lieu d'aller offrir un encens banal à la nouvelle cour, il se fit le courtisan des braves de la vieille garde, et il flétrit avec amertume ces misérables querelles de parti qui livraient à l'étranger le sol de la France. Dès lors il mérita d'être appelé le poète national, le poète de la patrie. Il venait d'exprimer avec sa verve et son enthousiasme de jeune homme, des regrets qui étaient au fond de tous les cœurs généreux ; il avait fait un acte de courage en se déclarant contre les vainqueurs, dans un temps où il y avait plus de prudence que de bénéfice à les aimer qu'à les haïr.

Quand il vit le musée dévasté, et ces lourds chariots qui passaient sous les voûtes du Louvre et s'arrêtaient devant les portes ; quand il vit les barbares mettre le levier sous nos statues, et les emporter comme un butin de guerre, il protesta éloquemment contre ce sauvage abus de la victoire. Comme poète, il adressa de touchans adieux à ces merveilles des arts, à ces dieux de la Grèce que la fortune exilait de leur patrie adoptive, à ces muses profanes, qui penchaient devant l'ennemi leurs têtes abattues, à ce dieu des neuf Sœurs, qui ne trouvait pas même un trait pour terrasser ces briseurs d'images. Comme citoyen, il rappela fièrement aux étrangers qu'ils pouvaient bien emporter des statues, mais qu'ils n'emporteraient pas nos titres de gloire, et qu'il fallait renouveler la face de l'Europe, s'ils voulaient y effacer nos champs de bataille, et la trace des pas de nos armées.

Enfin les étrangers quittèrent la France, et notre sol fut libre : mais déjà les divisions des partis, le choc des ambitions rivales, l'avidité des faux serviteurs, répandaient quelques nuages sur le berceau de nos libertés renaissantes. On s'était vu à la veille d'un démembrement; une carte de partage avait été dressée par les puissances envahissantes, et, si ce n'eût été le vieux respect qu'inspirait la plus glorieuse nation du monde, et la crainte d'une immense réaction, les princes auraient peut-être décidé autour d'une table verte que nous serions traités comme pays de conquête. Eh bien! échappés au danger de cette dernière épreuve, à peine étions-nous maîtres de notre sol, que la discorde s'y établissait à la place des étrangers; alors, celui qui avait rendu un courageux hommage aux morts de Waterloo, celui qui avait protesté contre la dévastation de nos musées, fit un touchant appel à l'union; celui qui était jeune donna une leçon d'oubli aux vieillards; celui qui sortait à peine des bancs universitaires, gourmanda les partis avec une sagesse prématurée, et son dernier adieu aux armées qui évacuaient notre sol fut un hymne à la concorde qui rend les peuples invincibles.

Les Messéniennes suivantes, où le poète chante la gloire et les malheurs de Jeanne d'Arc, furent inspirées, ce nous semble, par le même sentiment qui animait les trois premières, c'est-à-dire par le besoin de protester contre le plus grand de nos revers. Mais, cette fois, il y eut moins d'amertume dans les regrets du poete; quelques années avaient déjà passé sur cette blessure, et lui avaient ôté ce qu'elle avait de vif et de poignant. Le spectacle de l'enfantement lent et laborieux de nos libertés, les progrès de l'esprit public dans la voie des gouvernemens constitutionnels, nos combats de tribune, une nouvelle éloquence politique, dégagée des formes âpres et de l'enflure démagogique des tribuns de 93; un sentiment de curiosité et presque l'égoïsme qui concentrait l'attention de la France sur les débats de ses mandataires : toutes ces choses faisaient croire aux esprits les plus sages qu'il n'y avait eu à Waterloo ni vainqueurs, ni vaincus, mais seulement un grand homme tombé, et une charte victorieuse. Le poète comprit parfaitement ce mouvement de l'opinion : aussi n'adressa-t-il pas à l'étranger des imprécations directes et passionnées; il lui rappela seulement notre gloire passée, il évoqua un des plus beaux souvenirs de l'histoire de nos pères, il chanta la mystérieuse héroïne qui avait purgé notre sol de la domination anglaise. Ce n'était plus un appel aux armes, mais une allusion pleine de mélancolie au plus énergique mouvement du vieux peuple de France, pour sauver l'indépendance du sol; mais un moyen délicat de nous tenir en haleine, et une leçon cachée pour tempérer dans l'esprit des rois de l'Europe l'ivresse d'une première bataille gagnée contre la France.

Le temps changea, les esprits se modifièrent; en France le lendemain ne ressemble jamais à la veille. Le poète se pliait merveilleusement à ces changemens du temps, à cette mobilité de l'opinion; sitôt qu'un pas était fait vers l'avenir, il en était averti; sitôt qu'une pensée généreuse se faisait jour dans cette France si ardente et si communicative, il la recueillait et la popularisait.

Vous souvenez-vous de l'année 1821? Nous

sommes si habitués aux grands évènemens, que cette année-là, qui en fut si pleine, se confond dans notre mémoire avec toutes celles de la restauration. Pourtant que de choses et que de mouvement dans le monde à cette époque! Naples est étouffée par l'Autriche, après avoir essayé d'un Parlement, et goûté d'une liberté orageuse et passagère. Le Piémont, travaillé par de jeunes enthousiastes et par le voisinage contagieux de la France et de ses institutions libérales, un jour touche à la liberté, et le lendemain héberge les armées autrichiennes, qui viennent lui rendre avec le sabre son ancien régime et sa dépendance. L'Autriche, cette police permanente des idées constitutionnelles, pousse ses lourds bataillons partout où elle aperçoit l'ombre d'une charte. L'Espagne civilisée cherche à tirer du bourbier l'Espagne monacale, et montre sa constitution écrite à des masses qui ne savent pas lire; la France, tout occupée des fortunes diverses de la charte de Louis XVIII, dont on fait tour à tour une lettre morte ou une lettre à double sens, paraît se recueillir sous le ministère faible et froid de M. de Richelieu, comme pour se préparer à tra verser les six années de M. de Villèle. La politique de l'Angleterre, ici se cache, là se laisse voir, fait son profit du mal comme du bien; et pendant que de petits hommes d'Etat, réunis en congrès à Laybach, décident que la révolution napolitaine n'a été qu'un esclandre, et nomment l'Autriche gendarme de la Sainte-Alliance, celui qui du rocher où il était enchaîné tenait encore le monde en haleine, meurt, faute d'air et d'espace, captif d'un geôlier anglais!

Au bruit de la révolution de Naples, la conspiration du Piémont avait éclaté; or, entre le premier acte et la catastrophe, il ne se passa qu'un mois. On n'en sut rien en France, car nous avions alors la censure, cette vie artificielle des mauvais gouvernemens. Si j'ai bien consulté les journaux du temps, on leur laissa dire, je crois, qu'une douzaine d'écoliers de l'université avaient paru au spectacle couverts d'un bonnet rouge, et qu'on avait arrêté plus tard une centaine de têtes folles tendant de la sédition à Alexandrie. Il en coûta quelques sacs de florins à l'Autriche, et une ombre de guerre. La *révolte* apaisée, et le niveau passé, tout rentra dans le silence

Vers le même temps, la Grèce, la belle Grèce d'Homère, secouait les chaînes dont elle était chargée depuis trois siècles. Cette terre, où le voyageur cherchait des débris de monumens et non des hommes, commençait à retrouver des générations qui n'avaient pas peur de mourir, et prouvait qu'elle n'était qu'endormie quand on la croyait descendue dans la tombe. Partout des tentatives généreuses, partout du sang versé pour la sainte cause des libertés humaines, partout d'éclatans efforts pour hâter un meilleur avenir, témoignaient hautement que l'heure était arrivée d'une de ces grandes crises, où la Providence renouvelle la face des sociétés, et ouvre à l'homme des voies nouvelles de perfectionnement. La France, quoique soucieuse alors pour ses propres libertés, sympathisait ouvertement avec une cause pour laquelle tant de braves gens mouraient ailleurs; et pendant que l'autorité s'efforçait de jeter une teinte de ridicule sur des entreprises avortées, et les regardait comme des soulèvemens de place publique, qui, n'ayant pas le succès de notre révolution, avaient le tort de paraître la singer, le peuple applaudissait aux tentatives et adoptait les vaincus. C'est que, malgré nos luttes intérieures, luttes qui se passaient la plupart du temps entre des courtisans avides, et dans les antichambres du palais; malgré des querelles de portefeuilles, l'opinion populaire, forte de l'appui de ses amis et des fautes mêmes de ses ennemis, sûre que la liberté briserait à la fin les entraves qui gênaient son développement, entretenait au dehors ce besoin d'expansion et de sympathies qui faisait croire aux nations malheureuses que leur délivrance politique viendrait de la France.

Cet intérêt généreux du peuple, en faveur des mouvemens insurrectionnels qui éclataient en Grèce et en Italie, ne pouvait pas échapper au poète national, qui avait pris la Liberté pour muse, non pas la liberté locale et inféconde comme celle dont jouit l'Angleterre, mais la liberté du genre humain. Il pleura sur les malheurs de Naples, mais en mêlant les sévères conseils de la politique aux regrets touchans du poète; et il ne put se défendre d'un sentiment d'ironie amère, en voyant ce peuple qui avait accueilli la Liberté dans ses murs, et s'était soulevé à son appel, trente jours plus tard, s'enivrer avec les Autrichiens au pied du laurier de Virgile. Il pleura aussi sur la Grèce; mais, en la voyant si constante et si résignée, ne pas plus se lasser de mourir que ses ennemis de la mutiler, il n'eut pour elle que des chants d'amour, et il se montra interprète si passionné de la pitié des peuples, que les rois eux-mêmes entendirent sa voix, et jetèrent un moment leur sceptre entre la Grèce et les barbares, afin d'arrêter ces grandes effusions de sang humain.

Une administration inique, tracassière, pesait alors sur la France. Un gouvernement tout factice se soutenait contre la résistance de l'opinion, avec de faux électeurs, de fausses majorités, de fausses lois et des gendarmes. On bâillonnait la presse, on achetait les consciences; le séjour de la France était accablant. Le poète partit pour l'Italie; il était las, il avait besoin de respirer. Il vint errer sur les ruines du monde romain; il visita l'Italie, où il avait tenté naguère d'éveiller le génie de la liberté; l'insouciante Italie, où la brise est si molle et si paresseuse, que les générations y passent du sommeil à la mort, sous le plus beau ciel du monde, et parmi les débris de la plus grande histoire du passé. Là, il demanda aux peuples ce qu'ils avaient fait de leur liberté ; il interrogea la Sibylle qui répondait jadis à Enée, mais il vit que les noms de Liberté et de Patrie n'avaient plus d'écho, même chez la Sibylle. Il s'arrêta sur les lagunes de Venise, afin d'y pleurer cette liberté ombrageuse qui la rendait si florissante ; il vit l'herbe qui désunit les degrés de ses palais, le Rialto désert, le lion de Saint-Marc que nos armées avaient enlevé à Venise dégénérée, et que l'Autriche lui a rendu, mais pour écraser les pâles descendans des époux de l'Adriatique, en face du vieil emblème de leur puissance. Il s'adressa à tous les échos, il remua tous les souvenirs ; rien ne lui parla de Liberté !

La Liberté ! elle était alors occupée en France à remplir un pieux et douloureux devoir ; elle conduisait les funérailles du général Foy. La nouvelle en vint à notre poete, lorsqu'il était à Rome, promenant ses rêveries du Célius au Palatin, et contemplant les flots d'or qu'épanche à son coucher un soleil d'Italie. Alors il détourna ses regards du spectacle de la ville éternelle, et il suivit avec nous le convoi de l'homme libre, qui était mort à la peine en défendant les franchises populaires; il chanta sur les tombeaux des grands hommes de la Rome antique, cet homme pleuré par tout un peuple, et il sentit dans son cœur un noble orgueil, en voyant sa patrie donner au passé et à l'avenir cette grande leçon de reconnaissance nationale; assis près des débris d'un peuple mort, il cessa un moment de s'attendrir sur ces jeux de la fortune, pour se recueillir dans la pensée de son pays, et pour envoyer à un peuple plein de mouvement et de vie le tribut de son poète bien-aimé. Ainsi, a trois cents lieues de la France, au milieu des distractions du voyage, dans un monde plein de souvenirs, il n'oubliait pas sa sainte mission; et il se faisait encore l'interprète du peuple, dans cet hommage funèbre rendu à un homme qui avait combattu sous le glorieux drapeau de Waterloo, et dont la vie, commencée dans les camps, usée par la guerre, avait achevé de s'éteindre dans les combats de la tribune.

Cette marche simultanée du poète et de l'opinion publique, à travers les évènemens qui ont modifié l'état de la France depuis 1815, n'est-elle pas un fait frappant, éclatant, dans la pièce qui termine ce recueil? La cause du poète n'est-elle pas en 1830, comme en 1815, la cause du peuple, et la victoire des trois grands jours ne devait-elle pas être chantée par le poète des idées libérales?

Telles sont les destinées de la poésie chez les nations libres et civilisées.

Dans le moyen-âge, le poète est un génie solitaire, à peine compris de quelques ames, solitaires comme lui. Il croit que son œuvre s'adresse à la foule; mais comme la foule ne lui répond pas, il se demande avec inquiétude s'il ne s'est pas trompé. Ses vers sont goûtés dans les cours; les grands se font honneur de lui comme d'un bouffon, et les princes disent en le montrant: « Voici mon fauconnier, mon fou et mon poète. » Rentré dans la foule, il n'est reconnu de personne; il y a même des sages qui sont près de le regarder comme un fou. Le soir, quand, retiré dans sa ville, le Tasse écrit ses vers brûlans, et les lit avec enthousiasme à son

Eléonore absente; quand il croit être seul, et n'avoir que la solitude et le ciel pour témoins de ses poétiques extases, les filles de Sorrente s'approchent à pas lents de sa retraite, l'écoutent, le doigt posé sur la bouche, et se le montrent en souriant comme un pauvre insensé. Le poète de ces temps vit de la cour, brille pour la cour, meurt s'il déplaît à la cour; les rois paient avec une pension les inspirations de sa veine; c'est un jouet dont ils s'amusent, et qu'ils brisent quand ils s'en ennuient; heureux encore quand il peut mourir sans être poursuivi à ses derniers momens par cette pensée douloureuse, que son enthousiasme n'était qu'une amère dérision, *une moquerie*, comme parle lord Byron[1]

De nos jours, le sort du poète est digne de son génie. Il a du repos, de nobles loisirs. Il n'attend rien de la cour, il n'a pas besoin qu'on le paie sur les fonds secrets, et il ne vend pas sa muse pour le prix que coûtait à un roi l'entretien de quelques faisans. C'est que la voix du poète est la voix du peuple; c'est qu'appuyé sur les masses, il se fait l'interprète de leurs besoins, ou l'écho de leurs plaintes; c'est qu'il vit du peuple, qu'il brille pour le peuple, est compris par le peuple; c'est que son bien-être est une dette de la patrie, et non le prix d'une flatterie, ni une faveur de courtisan.

MESSÉNIENNES.

ENVOI

DES MESSÉNIENNES

A MADAME ***.

Les voilà ces chants funéraires,
Faible tribut de ma douleur :
Lisez ; le trépas de nos frères
Pour vous, du moins, fut un malheur.

Aux beaux jours de notre vaillance
Leurs noms immortels sont liés ;
Ils revivront chers à la France,
Et mes vers seront oubliés.

La jeunesse ira d'âge en âge,
Parcourant des champs meurtriers,
Visiter en pèlerinage
Les mânes de nos vieux guerriers.

ENVOI DES MESSÉNIENNES.

Alors paraîtront à sa vue
Leurs glaives par le temps rongés,
Leurs os brisés par la charrue...
Alors nous les aurons vengés.

On verra la France, animée
D'un souvenir triste et pieux,
Combattre et vaincre aux mêmes lieux,
Pour ensevelir son armée.

Leur cendre vole au gré du vent,
Dans ces champs témoins de leur gloire;
Mais notre courage et l'histoire
Se chargent de leur monument.

PREMIÈRE MESSÉNIENNE.

LA BATAILLE DE WATERLOO*.

Ils ne sont plus, laissez en paix leur cendre :
Par d'injustes clameurs ces braves outragés
A se justifier n'ont pas voulu descendre ;
    Mais un seul jour les a vengés :
    Ils sont tous morts pour vous défendre.
Malheur à vous si vos yeux inhumains
    N'ont point de pleurs pour la patrie !
    Sans force contre vos chagrins,
Contre le mal commun votre ame est aguerrie ;
Tremblez, la mort peut-être étend sur vous ses mains !

Que dis-je? quel Français n'a répandu des larmes

---

*Cette Messénienne fut composée au mois de juillet 1815

Sur nos défenseurs expirans?
Prêt à revoir les rois qu'il regretta vingt ans,
Quel vieillard n'a rougi du malheur de nos armes?
En pleurant ces guerriers par le destin trahis,
Quel vieillard n'a senti s'éveiller dans son ame
Quelque reste assoupi de cette antique flamme
  Qui l'embrasait pour son pays?

Que de leçons, grand Dieu! que d'horribles images
L'histoire d'un seul jour présente aux yeux des rois!
Clio, sans que la plume échappe de ses doigts,
  Pourra-t-elle en tracer les pages?

Cachez-moi ces soldats sous le nombre accablés,
Domptés par la fatigue, écrasés par la foudre,
Ces membres palpitans dispersés sur la poudre,
  Ces cadavres amoncelés!
Eloignez de mes yeux ce monument funeste
  De la fureur des nations:
  O mort! épargne ce qui reste!
  Varus, rends-nous nos légions!

Les coursiers frappés d'épouvante,

Les chefs et les soldats épars,
Nos aigles et nos étendards
Souillés d'une fange sanglante,
Insultés par les léopards;
Les blessés mourant sur les chars,
Tout se presse sans ordre, et la foule incertaine,
Qui se tourmente en vains efforts,
S'agite, se heurte, se traîne,
Et laisse après soi dans la plaine
Du sang, des débris et des morts.

Parmi des tourbillons de flamme et de fumée,
O douleur, quel spectacle à mes yeux vient s'offrir?
Le bataillon sacré, seul devant une armée,
    S'arrête pour mourir.
C'est en vain que, surpris d'une vertu si rare,
Les vainqueurs dans leurs mains retiennent le trépas.
Fier de le conquérir, il court, il s'en empare:
La Garde, avait-il dit, meurt et ne se rend pas.
On dit qu'en les voyant couchés sur la poussière,
D'un respect douloureux frappé par tant d'exploits,
L'ennemi, l'œil fixé sur leur face guerrière,
Les regarda sans peur pour la première fois.

Les voilà ces héros si long-temps invincibles !
Ils menacent encor les vainqueurs étonnés !
Glacés par le trépas, que leurs yeux sont terribles !
Que de hauts faits écrits sur leurs fronts sillonnés !
Ils ont bravé les feux du soleil d'Italie,
   De la Castille ils ont franchi les monts ;
Et le Nord les a vus marcher sur les glaçons
Dont l'éternel rempart protége la Russie.
Ils avaient tout dompté... Le destin des combats
      Leur devait, après tant de gloire,
Ce qu'aux Français naguère il ne refusait pas :
Le bonheur de mourir dans un jour de victoire.

Ah ! ne les pleurons pas ! sur leurs fronts triomphans
La palme de l'honneur n'a pas été flétrie ;
Pleurons sur nous, Français, pleurons sur la patrie :
L'orgueil et l'intérêt divisent ses enfans.
Quel siècle en trahisons fut jamais plus fertile ?
L'amour du bien commun de tous les cœurs s'exile :
La timide amitié n'a plus d'épanchemens ;
On s'évite, on se craint ; la foi n'a plus d'asile,
Et s'enfuit d'épouvante au bruit de nos sermens.

O vertige fatal ! déplorables querelles

Qui livrent nos foyers au fer de l'étranger !
Le glaive étincelant dans nos mains infidèles,
Ensanglante le sein qu'il devrait protéger.

L'ennemi cependant renverse les murailles
    De nos forts et de nos cités ;
La foudre tonne encore, au mépris des traités.
    L'incendie et les funérailles
Epouvantent encor nos hameaux dévastés ;
D'avides proconsuls dévorent nos provinces ;
Et, sous l'écharpe blanche, ou sous les trois couleurs,
Les Français, disputant pour le choix de leurs princes.
Détrônent des drapeaux et proscrivent des fleurs.

    Des soldats de la Germanie
    J'ai vu les coursiers vagabonds
Dans nos jardins pompeux errer sur les gazons.
Parmi ces demi-dieux qu'enfanta le génie.
J'ai vu des bataillons, des tentes et des chars,
Et l'appareil d'un camp dans le temple des arts.
Faut-il, muets témoins, dévorer tant d'outrages ?
Faut-il que le Français, l'olivier dans la main,
Reste insensible et froid comme ces dieux d'airain

Dont ils insultent les images?

Nous devons tous nos maux à ces divisions
    Que nourrit nôtre intolérance.
Il est temps d'immoler au bonheur de la France
Cet orgueil ombrageux de nos opinions.
Etouffons le flambeau des guerres intestines.
Soldats, le ciel prononce, il relève les lis :
Adoptez les couleurs du héros de Bovines,
En donnant une larme aux drapeaux d'Austerlitz.

France, réveille-toi! qu'un courroux unanime
Enfante des guerriers autour du souverain!
Divisés, désarmés, le vainqueur nous opprime :
Présentons-lui la paix, les armes à la main.

Et vous, peuples si fiers du trépas de nos braves,
    Vous, les témoins de notre deuil,
      Ne croyez pas, dans votre orgueil,
Que, pour être vaincus, les Français soient esclaves.
Gardez-vous d'irriter nos vengeurs à venir;
Peut-être que le Ciel, lassé de nous punir,

Seconderait notre courage;
Et qu'un autre Germanicus
Irait demander compte aux Germains d'un autre âge
De la défaite de Varus.

DEUXIÈME MESSENIENNE.

LA DEVASTATION DU MUSEE

ET DES MONUMENS.

La sainte vérité qui m'échauffe et m'inspire
Ecarte et foule aux pieds les voiles imposteurs :
Ma muse de nos maux flétrira les auteurs,
    Dussé-je voir briser ma lyre
Par le glaive insolent de nos libérateurs.
Où vont ces chars pesans conduits par leurs cohortes ?
Sous les voûtes du Louvre ils marchent à pas lents :
    Ils s'arrêtent devant ses portes ;
Viennent-ils lui ravir ses sacrés ornemens ?

    Muses, penchez vos têtes abattues :

LA DEVASTATION

Du siècle de Léon les chefs-d'œuvre divins
Sous un ciel sans clarté suivront les froids Germains ;
Les vaisseaux d'Albion attendent nos statues.
    Des profanateurs inhumains
Vont-ils anéantir tant de veilles savantes ?
Porteront-ils le fer sur les toiles vivantes
    Que Raphael anima de ses mains ?

Dieu du jour, Dieu des vers, ils brisent ton image.
C'en est fait : la victoire et la divinité
    Ne couronnent plus ton visage
    D'une double immortalité.
C'en est fait : loin de toi jette un arc inutile.
Non, tu n'inspiras point le vieux chantre d'Achille ;
Non, tu n'es pas le dieu qui vengea les neuf Sœurs
    Des fureurs d'un monstre sauvage,
Toi qui n'as pas un trait pour venger ton outrage
    Et terrasser tes ravisseurs.

    Le deuil est aux bosquets de Gnide.
    Muet, pâle et le front baissé,
    L'Amour, que la guerre intimide,

Eteint son flambeau renversé.

Des Grâces la troupe légère
L'interroge sur ses douleurs :
Il leur dit en versant des pleurs :
« J'ai vu Mars outrager ma mère *. »

Je crois entendre encor les clameurs des soldats
    Entraînant la jeune immortelle :
Le fer a mutilé ses membres délicats;
Hélas, elle semblait et plus chaste et plus belle.
    Cacher sa honte entre leurs bras.
Dans un fort pris d'assaut, telle une vierge en larmes,
Aux yeux des forcenés dont l'insolente ardeur
Déchira les tissus qui dérobaient ses charmes.
    Se voile encor de sa pudeur.

Adieu, débris fameux de Grèce et d'Ausonie,
Et vous, tableaux errans de climats en climats;

---

* La Vénus de Médicis.

Adieu, Corrége, Albane, immortel Phidias !
Adieu, les arts et le génie !

Noble France, pardonne ! A tes pompeux travaux,
Aux Pujet, aux Lebrun, ma douleur fait injure.
David a ramené son siècle à la Nature :
Parmi ses nourrissons il compte des rivaux...
Laissons-la s'élever cette école nouvelle !
Le laurier de David de lauriers entouré,
Fier de ses rejetons, enfante un bois sacré
Qui protége les arts de son ombre éternelle

Le marbre animé parle aux yeux.
Une autre Vénus plus féconde,
Près d'Hercule victorieux,
Etend son flambeau sur le monde.
Ajax, de son pied furieux,
Insulte au flot qui se retire ;
L'œil superbe, un bras dans les cieux,
Il s'élance, et je l'entends dire :
« J'échapperai malgré les dieux. »

Mais quels monceaux de morts ! que de spectres livides !

Ils tombent dans Jaffa ces vieux soldats français
Qui réveillaient naguère, au bruit de leurs succès,
Les siècles entassés au fond des Pyramides.
   Ah! fuyons ces bords meurtriers!
D'où te vient, Austerlitz, l'éclat qui t'environne?
Qui dois-je couronner du peintre ou des guerriers?
Les guerriers et le peintre ont droit à la couronne.
Des chefs-d'œuvre français naissent de toutes parts;
Ils surprennent mon cœur à d'invincibles charmes :
Au Déluge, en tremblant, j'applaudis par mes larmes;
   Didon enchante mes regards;
Versant sur un beau corps sa clarté caressante,
A travers le feuillage un faible et doux rayon
   Porte les baisers d'une amante
   Sur les lèvres d'Endymion;
De son flambeau vengeur Némésis m'épouvante;
Je frémis avec Phèdre, et n'ose interroger
L'accusé dédaigneux qui semble la juger.
Je vois Léonidas. O courage! ô patrie!
Trois cents héros sont morts dans ce détroit fameux :
Trois cents! quel souvenir!... Je pleure... et je m'écrie :
Dix-huit mille Français ont expiré comme eux !

Oui : j'en suis fier encor : ma patrie est l'asile,

Elle est le temple des beaux-arts :
A l'ombre de nos étendards,
Ils reviendront ces dieux que la fortune exile.

L'étranger, qui nous trompe, écrase impunément
La justice et la foi sous le glaive étouffées;
Il ternit pour jamais sa splendeur d'un moment;
Il triomphe en barbare et brise nos trophées :
   Que cet orgueil est misérable et vain !
Croit-il anéantir tous nos titres de gloire?
On peut les effacer sur le marbre ou l'airain ;
Qui les effacera du livre de l'histoire ?
Ah ! tant que le soleil luira sur vos états,
Il en doit éclairer d'impérissables marques :
Comment disparaîtront, ô superbes monarques,
Ces champs où les lauriers croissaient pour nos soldats?
Allez, détruisez donc tant de cités royales
Dont les clefs d'or suivaient nos pompes triomphales;
   Comblez ces fleuves écumans
Qui nous ont opposé d'impuissantes barrières,
Aplanissez ces monts dont les rochers fumans
   Tremblaient sous nos foudres guerrières.
Voilà nos monumens : c'est là que nos exploits

DU MUSÉE. 35

Redoutent peu l'orgueil d'une injuste victoire :
Le fer, le feu, le temps plus puissant que les rois,
Ne peut rien contre leur mémoire.

TROISIÈME MESSÉNIENNE.

DU BESOIN DE S'UNIR

APRÈS LE DÉPART DES ÉTRANGERS

O toi que l'univers adore,
O toi que maudit l'univers,
Fortune, dont la main, du couchant à l'aurore,
Dispense les lauriers, les sceptres et les fers,
Ton aveugle courroux nous garde-t-il encore
    Des triomphes et des revers?
Nos malheurs trop fameux proclament ta puissance:
Tes jeux furent sanglans dans notre belle France:
Le peuple mieux instruit, mais trop fier de ses droits,
Sur les débris du trone établit son empire,
Poussa la liberté jusqu'au mépris des lois,
    Et la raison jusqu'au délire.

Bientôt au premier rang porté par ses exploits,

Un roi nouveau brisa d'un sceptre despotique
  Les faisceaux de la République,
  Tout dégouttans du sang des rois.

Pour affermir son trône, il lassa la victoire,
D'un peuple généreux prodigua la valeur;
L'Europe qu'il bravait a fléchi sous sa gloire :
  Elle insulte à notre malheur.
C'est qu'ils ne vivent plus que dans notre mémoire
Ces guerriers dont le Nord a moissonné la fleur.
O désastre! ô pitié! jour à jamais célèbre,
Où ce cri s'éleva dans la patrie en deuil :
Ils sont morts, et Moscow fut le flambeau funèbre
Qui prêta ses clartés à leur vaste cercueil.

Ces règnes d'un moment, et les chutes soudaines
De ces trônes d'un jour l'un sur l'autre croulans,
Ont laissé des levains de discorde et de haines
  Dans nos esprits plus turbulens.

Cessant de comprimer la fièvre qui l'agite,
Le fier républicain, sourd aux leçons du temps,

Appelle avec fureur, dans ses rêves ardens,
　　Une liberté sans limite;
Mais cette liberté fut féconde en forfaits :
Cet océan trompeur, qui n'a point de rivages,
N'est connu jusqu'à nous que par de grands naufrages
　　Dans les annales des Français.

«Que nos maux, direz-vous, nous soient du moins utiles:
« Opposons une digue aux tempêtes civiles;
« Que deux pouvoirs rivaux, l'un émané des rois,
« L'autre sorti du peuple et garant de ses droits,
« Libres et dépendans, offrent au rang suprême
« Un rempart contre nous, un frein contre lui-même. »

Vainement la raison vous dicte ces discours ;
L'égoïsme et l'orgueil sont aveugles et sourds :
Cet amant du passé, que le présent irrite,
Jaloux de voir ses rois d'entraves dégagés,
　　Le front baissé, se précipite
　　Sous la verge des préjugés.

Quoi ! toujours des partis proclamés légitimes,

Tant qu'ils règnent sur nos débris,
L'un par l'autre abattus, proscrivant ou proscrits,
Tour à tour tyrans ou victimes!

Empire malheureux! voilà donc ton destin!...
Français, ne dites plus : « La France nous est chère; »
Elle désavoûrait votre amour inhumain.
Cessez, enfans ingrats, d'embrasser votre mère,
　　Pour vous étouffer dans son sein.
Contre ses ennemis tournez votre courage;
Au conseil des vainqueurs son sort est agité :
Ces rois qui l'encensaient fiers de leur esclavage,
　　Vont lui vendre la liberté.

Non, ce n'est pas en vain que sa voix nous appelle:
Et, s'ils ont prétendu, par d'infames traités,
Imprimer sur nos fronts une tache éternelle.
Si de leur doigt superbe ils marquent les cités
Que veut se partager une ligue infidèle;
Si la foi des sermens n'est qu'un garant trompeur:
Si, le glaive à la main, l'iniquité l'emporte;
Si la France n'est plus, si la patrie est morte,

DE S'UNIR.

Mourons tous avec elle, ou rendons-lui l'honneur.

Qu'entends-je? et d'où vient cette ivresse
Qui semble croître dans son cours ?
Quels chants, quels transports d'allégresse !
Quel bruyant et nombreux concours !
De nos soldats la foule au loin se presse ;
D'une nouvelle ardeur leurs yeux sont embrasés ;
Plus d'Anglais parmi nous! plus de joug! plus d'entraves!
Levez plus fièrement vos fronts cicatrisés...
Oui, l'étranger s'éloigne; oui, vos fers sont brisés ;
Soldats, vous n'êtes plus esclaves !

Reprends ton orgueil,
Ma noble patrie ;
Quitte enfin ton deuil,
Liberté chérie ;
Liberté, patrie,
Sortez du cercueil !

D'un vainqueur insolent méprisons les injures:
Riches des étendards conquis sur nos rivaux,

Nous pouvons à leurs yeux dérober nos blessures
    En les cachant sous leurs drapeaux.

Voulons-nous enchaîner leurs fureurs impuissantes?
Soyons unis, Français; nous ne les verrons plus
Nous dicter d'Albion les décrets absolus,
Arborer sur nos tours ses couleurs menaçantes.
Nous ne les verrons plus, le front ceint de lauriers,
Troublant de leur aspect les fêtes du génie.
    Chez Melpomène et Polymnie
Usurper une place où siégeaient nos guerriers.
Nous ne les verrons plus nous accorder par grace
Une part des trésors flottans sur nos sillons.
    Soyons unis; jamais leurs bataillons
De nos champs envahis ne couvriront la face·
La France dans son sein ne les peut endurer,
Et ne les recevrait que pour les dévorer.

Ah! ne l'oublions pas; naguère, dans ces plaines
    Où le sort nous abandonna,
Nous n'avions pas porté des ames moins romaines
Qu'aux champs de Rivoli, de Fleurus, d'Iéna:
Mais nos divisions nous y forgeaient des chaînes

Effrayante leçon qui doit unir nos cœurs
    Par des liens indestructibles :
    Le courage fait des vainqueurs ;
    La concorde, des invincibles.

Henri, divin Henri, toi qui fus grand et bon,
Qui chassas l'Espagnol et finis nos misères,
Les partis sont d'accord en prononçant ton nom;
Henri, de tes enfans fais un peuple de frères.
Ton image déjà semble nous protéger,
Tu renais; avec toi renaît l'indépendance :
O roi le plus français dont s'honore la France,
Il est dans ton destin de voir fuir l'étranger !

Et toi, son digne fils, après vingt ans d'orage,
Règne sur des sujets par toi-même ennoblis.
Leurs droits sont consacrés dans ton plus bel ouvrage.
Oui, ce grand monument, affermi d'âge en âge,
Doit couvrir de son ombre et le peuple et les lis.
Il est des opprimés l'asile impérissable,
La terreur du tyran, du ministre coupable,
    Le temple de nos libertés.
Que la France prospère en tes mains magnanimes,

Que tes jours soient sereins, tes décrets respectés,
    Toi, qui proclames ces maximes :
O rois, pour commander, obéissez aux lois ;
Peuple, en obéissant, sois libre sous tes rois !

QUATRIÈME MESSÉNIENNE.

LA VIE DE JEANNE D'ARC.

Un jour que l'Océan gonflé par la tempête,
Réunissant les eaux de ses fleuves divers,
Fier de tout envahir, marchait à la conquête
  De ce vaste univers;
Une voix s'éleva du milieu des orages,
Et Dieu, de tant d'audace invisible témoin,
Dit aux flots étonnés : « Mourez sur ces rivages,
  « Vous n'irez pas plus loin. »

Ainsi, quand, tourmentés d'une impuissante rage,
Les soldats de Bedfort, grossis par leurs succès,
  Menaçaient d'un prochain naufrage
  Le royaume et le nom français;
Une femme, arrêtant ces bandes formidables,
Se montra dans nos champs de leur foule inondés;

Et ce torrent vainqueur expira dans les sables
Que naguère il couvrait de ses flots débordés.

Une femme paraît, une vierge, un héros :
Elle arrache son maître aux langueurs du repos.
La France qui gémit se réveille avec peine,
Voit son trône abattu, voit ses champs dévastés,
  Se lève en secouant sa chaîne,
Et rassemble à ce bruit ses enfans irrités.

 Qui t'inspira, jeune et faible bergère,
 D'abandonner la houlette légère
 Et les tissus commencés par ta main ?
 Ta sainte ardeur n'a pas été trompée ;
 Mais quel pouvoir brise sous ton épée
 Les cimiers d'or et les casques d'airain ?

 L'aube du jour voit briller ton armure,
 L'acier pesant couvre ta chevelure,
 Et des combats tu cours braver le sort.
 Qui t'inspira de quitter ton vieux père,
 De préférer aux baisers de ta mère

L'horreur des camps, le carnage et la mort?

C'est Dieu qui l'a voulu, c'est le Dieu des armées,
Qui regarde en pitié les pleurs des malheureux,
C'est lui qui délivra nos tribus opprimées
      Sous le poids d'un joug rigoureux;
C'est lui, c'est l'Etérnel, c'est le Dieu des armées!

L'ange exterminateur bénit ton étendard;
Il mit dans tes accens un son mâle et terrible,
La force dans ton bras, la mort dans ton regard,
      Et dit à la brebis paisible :
      Va déchirer le léopard.

      Richemont, Lahire, Xaintrailles,
      Dunois, et vous, preux chevaliers,
      Suivez ses pas dans les batailles :
      Couvrez-la de vos boucliers,
      Couvrez-la de votre vaillance;
      Soldats, c'est l'espoir de la France
      Que votre roi vous a commis.
      Marchez quand sa voix vous appelle,

Car la victoire est avec elle ;
La fuite, avec ses ennemis.

Apprenez d'une femme à forcer des murailles,
A gravir leurs débris sous des feux dévorans,
A terrasser l'Anglais, à porter dans ses rangs
　　Un bras fécond en funérailles!

Honneur à ses hauts faits! guerriers, honneur à vous
Chante, heureuse Orléans, les vengeurs de la France.
　　Chante ta délivrance :
Les assaillans nombreux sont tombés sous leurs coups.
Que sont-ils devenus ces conquérans sauvages
Devant le fer vainqueur qui combattait pour nous?
　　Ce que deviennent des nuages
D'insectes dévorans dans les airs rassemblés,
Quand un noir tourbillon élancé des montagnes
Disperse en tournoyant ces bataillons ailés,
　　Et fait pleuvoir sur nos campagnes
　　Leurs cadavres amoncelés.

Aux yeux d'un ennemi superbe

Le lis a repris ses couleurs;
Ses longs rameaux courbés sous l'herbe
Se relèvent couverts de fleurs.
Jeanne au front de son maître a posé la couronne.
A l'attrait des plaisirs qui retiennent ses pas
La noble fille l'abandonne :
Délices de la cour, vous n'enchaînerez pas
L'ardeur d'une vertu si pure;
Des armes, voilà sa parure,
Et ses plaisirs sont les combats.

Ainsi tout prospérait à son jeune courage.
Dieu conduisit deux ans ce merveilleux ouvrage.
Il se plut à récompenser
Pour la France et ses rois son amour idolâtre,
Deux ans il la soutint sur ce brillant théâtre,
Pour apprendre aux Anglais, qu'il voulait abaisser,
Que la France jamais ne périt tout entière,
Que, son dernier vengeur fût-il dans la poussière,
Les femmes, au besoin, pourraient les en chasser.

CINQUIÈME MESSÉNIENNE.

LA MORT DE JEANNE D'ARC.

Silence au camp! la vierge est prisonnière;
Par un injuste arrêt Bedfort croit la flétrir :
Jeune encore, elle touche à son heure dernière...
    Silence au camp! la vierge va périr.

Des pontifes divins, vendus à la puissance,
Sous les subtilités des dogmes ténébreux
    Ont accablé son innocence.
Les Anglais commandaient ce sacrifice affreux :
Un prêtre en cheveux blancs ordonna le supplice;
Et c'est au nom d'un dieu par lui calomnié,
D'un dieu de vérité, d'amour et de justice,
Qu'un prêtre fut perfide, injuste et sans pitié.

Dieu, quand ton jour viendra, quel sera le partage
    Des pontifes persécuteurs?
Oseront-ils prétendre au céleste héritage
    De l'innocent dont ils ont bu les pleurs?
Ils seront rejetés, ces pieux imposteurs,
Qui font servir ton nom de complice à leur rage,
Et t'offrent pour encens la vapeur du carnage.

A qui réserve-t-on ces apprêts meurtriers?
    Pour qui ces torches qu'on excite?
    L'airain sacré tremble et s'agite...
D'où vient ce bruit lugubre? où courent ces guerriers
Dont la foule à long flots roule et se précipite?

    La joie éclate sur leurs traits,
    Sans doute l'honneur les enflamme:
Ils vont pour un assaut former leurs rangs épais:
    Non, ces guerriers sont des Anglais
    Qui vont voir mourir une femme.

    Qu'ils sont nobles dans leur courroux!
Qu'il est beau d'insulter au bras chargé d'entraves!

La voyant sans défense, ils s'écriaient, ces braves :
    Qu'elle meure! elle a contre nous
Des esprits infernaux suscité la magie...
    Lâches! que lui reprochez-vous?
D'un courage inspiré la brûlante énergie,
L'amour du nom français, le mépris du danger,
    Voilà sa magie et ses charmes;
    En faut-il d'autres que des armes
Pour combattre, pour vaincre et punir l'étranger?

Du Christ avec ardeur Jeanne baisait l'image;
Ses longs cheveux épars flottaient au gré des vents,
Au pied de l'échafaud, sans changer de visage,
    Elle s'avançait à pas lents.
Tranquille, elle y monta : quand, debout sur le faîte,
Elle vit ce bûcher qui l'allait dévorer,
Les bourreaux en suspens, la flamme déjà prête,
Sentant son cœur faillir, elle baissa la tête,
    Et se prit à pleurer.

    Ah! pleure, fille infortunée!
    Ta jeunesse va se flétrir,
Dans sa fleur trop tôt moissonnée!

Adieu, beau ciel, il faut mourir.

Ainsi qu'une source affaiblie,
Près du lieu même où naît son cours,
Meurt en prodiguant ses secours
Au berger qui passe et l'oublie;

Ainsi, dans l'âge des amours,
Finit ta chaste destinée,
Et tu péris abandonnée
Par ceux dont tu sauvas les jours.

Tu ne reverras plus tes riantes montagnes,
Le temple, le hameau, les champs de Vaucouleurs,
Et ta chaumière et tes compagnes,
Et ton père expirant sous le poids des douleurs.

Chevaliers, parmi vous qui combattra pour elle ?
N'osez-vous entreprendre une cause si belle ?
Quoi! vous restez muets ! aucun ne sort des rangs !
Aucun pour la sauver ne descend dans la lice !

Puisqu'un forfait si noir les trouve indifférens,
　　Tonnez, confondez l'injustice,
Cieux, obscurcissez-vous de nuages épais;
Éteignez sous leurs flots les feux du sacrifice,
　　Ou guidez au lieu du supplice,
A défaut du tonnerre, un chevalier français.
Après quelques instans d'un horrible silence,
Tout à coup le feu brille, il s'irrite, il s'élance...
Le cœur de la guerrière alors s'est ranimé;
A travers les vapeurs d'une fumée ardente,
　　Jeanne, encor menaçante,
Montre aux Anglais son bras à demi consumé.
　　Pourquoi reculer d'épouvante,
　　Anglais? son bras est désarmé.
La flamme l'environne, et sa voix expirante
Murmure encore : O France! ô mon roi bien-aimé!
Que faisait-il ce roi? Plongé dans la mollesse,
Tandis que le malheur réclamait son appui,
L'ingrat, il oubliait, aux pieds d'une maîtresse,
　　La vierge qui mourait pour lui!

　　Ah! qu'une page si funeste
　　De ce règne victorieux,
　　Pour n'en pas obscurcir le reste,

S'efface sous les pleurs qui tombent de nos yeux !
Qu'un monument s'élève aux lieux de ta naissance,
O toi, qui des vainqueurs renversas les projets !
La France y portera son deuil et ses regrets,
  Sa tardive reconnaissance ;
Elle y viendra gémir sous de jeunes cyprès :
Puissent croître avec eux ta gloire et sa puissance !

Que sur l'airain funèbre on grave des combats,
Des étendards anglais fuyant devant tes pas,
Dieu vengeant par tes mains la plus juste des causes.
Venez, jeunes beautés ; venez, braves soldats ;
Semez sur son tombeau les lauriers et les roses !
Qu'un jour le voyageur, en parcourant ces bois,
Cueille un rameau sacré, l'y dépose, et s'écrie :
« A celle qui sauva le trône et la patrie,
« Et n'obtint qu'un tombeau pour prix de ses exploits.»

Notre armée au cercueil eut mon premier hommage ;
Mon luth chante aujourd'hui les vertus d'un autre âge:
Ai-je trop présumé de ses faibles accens?
  Pour célébrer tant de vaillance,
Sans doute il n'a rendu que des sons impuissans ;

Mais, poète et Français, j'aime à vanter la France.
Qu'elle accepte en tribut de périssables fleurs.
Malheureux de ses maux et fier de ses victoires,
Je dépose à ses pieds ma joie ou mes douleurs :
  J'ai des chants pour toutes ses gloires,
  Des larmes pour tous ses malheurs.

SIXIÈME MESSÉNIENNE.

LE JEUNE DIACRE,

ou

LA GRÈCE CHRÉTIENNE.

A M. POUQUEVILLE*.

De Messène au cercueil fille auguste et plaintive,
Muse des grands revers et des nobles douleurs,
Désertant ton berceau, tu pleuras nos malheurs;
Comme la Grèce alors la France était captive...
De Messène au cercueil fille auguste et plaintive,
Reviens sur ton berceau, reviens verser des pleurs.

Entre le Mont Évan et le cap de Ténare,

---

* Ce récit, dont le fond est véritable, appartient au Voyage de M. Pouqueville. Il est simple et touchant dans sa prose, et le lecteur y trouvera peut-être quelque charme, s'il n'a pas trop perdu dans mes vers.

La mer baigne les murs de la triste Coron;
Coron, nom malheureux, nom moderne et barbare,
Et qui de Colonis détrôna le beau nom.
Les Grecs ont tout perdu : la langue de Platon,
La palme des combats, les arts et leurs merveilles,
Tout, jusqu'aux noms divins qui charmaient nos oreilles.

Ces murs battus des eaux, à demi renversés
Par le choc des boulets que Venise a lancés,
C'est Coron. Le croissant en dépeupla l'enceinte;
Le Turc y règne en paix au milieu des tombeaux.
Voyez-vous ces turbans errer sur les créneaux?
Du profane étendard qui chassa la croix sainte
Voyez-vous, sur les tours, flotter les crins mouvans?
Entendez-vous, de loin, la voix de l'infidèle,
Qui se mêle au bruit sourd de la mer et des vents?

Il veille, et le mousquet dans ses mains étincelle.
Au bord de l'horizon le soleil suspendu
Regarde cette plage, autrefois florissante,
Comme un amant en deuil, qui, pleurant son amante,
Cherche encor dans ses traits l'éclat qu'ils ont perdu,

DIACRE.

Et trouve, après la mort, sa beauté plus touchante.
Que cet astre, à regret, s'arrache à ses amours!
Que la brise du soir est douce et parfumée!
Que des feux d'un beau jour la mer brille enflammée!...
Mais pour un peuple esclave il n'est plus de beaux jours.

Qu'entends-je? C'est le bruit de deux rames pareilles,
Ensemble s'élevant, tombant d'un même effort,
Qui de leur chute égale ont frappé mes oreilles.
Assis dans un esquif, l'œil tourné vers le bord,
Un jeune homme, un chrétien, glisse sur l'onde amère.
Il remplit dans le temple un humble ministère :
Ses soins parent l'autel; debout sur les degrés,
Il fait fumer l'encens, répond aux mots sacrés,
Et présente le vin durant le saint mystère.

Les rames de sa main s'échappent à la fois;
Un luth qui les remplace a frémi sous ses doigts.
Il chante... Ainsi chantaient David et les prophètes;
Ainsi, troublant le cœur des pâles matelots,
Un cri sinistre et doux retentit sur les flots,
Quand l'Alcyon gémit, au milieu des tempêtes·

« Beaux lieux, où je n'ose m'asseoir,
« Pour vous chanter dans ma nacelle
« Au bruit des vagues, chaque soir,
« J'accorde ma lyre fidèle ;
« Et je pleure sur nos revers,
« Comme les Hébreux dans les fers,
« Quand Sion descendit du trône,
« Pleuraient au pied des saules verts
« Près les fleuves de Babylone.

« Mais dans les fers, Seigneur, ils pouvaient t'adorer ;
« Du tombeau de leur père ils parlaient sans alarmes :
« Souffrant ensemble, ensemble ils pouvaient espérer :
« Il leur était permis de confondre leurs larmes :
« Et je m'exile pour pleurer.

« Le ministre de ta colère
« Prive la veuve et l'orphelin
« Du dernier vêtement de lin
« Qui sert de voile à leur misère.
« De leurs mains il reprend encor,
« Comme un vol fait à son trésor,
« Un épi glané dans nos plaines ;

« Et nous ne buvons qu'à prix d'or
« L'eau qui coule de nos fontaines.

« De l'or! ils l'ont ravi sur nos autels en deuil;
« Ils ont brisé des morts la pierre sépulcrale.
« Et de la jeune épouse écartant le linceuil,
« Arraché de son doigt la bague nuptiale,
« Qu'elle emporta dans le cercueil.

« O nature, ta voix si chère
« S'éteint dans l'horreur du danger;
« Sans accourir pour le venger,
« Le frère voit frapper son frère:
« Aux tyrans qu'il n'attendait pas
« Le vieillard livre le repas
« Qu'il a dressé pour sa famille;
« Et la mère, au bruit de leurs pas,
« Maudit la beauté de sa fille.

« Le lévite est en proie à leur férocité;
« Ils flétrissent la fleur de son adolescence,
« Ou, si d'un saint courroux son cœur s'est révolté

« Chaste victime, il tombe avec son innocence
« Sous le bâton ensanglanté.

« Les rois, quand il faut nous défendre,
« Sont avares de leurs soldats.
« Ils se disputent des états,
« Des peuples, des cités en cendre ;
« Et tandis que, sous les couteaux,
« Le sang chrétien, à longs ruisseaux,
« Inonde la terre où nous sommes.
« Comme on partage des troupeaux,
« Les rois se partagent des hommes.

« Un récit qui s'efface, ou quelques vains discours,
« A des indifférens parlent de nos misères,
« Amuse de nos pleurs l'oisiveté des cours :
« Et nous sommes chrétiens, et nous avons des frères,
« Et nous expirons sans secours !

« L'oiseau des champs trouve un asile
« Dans le nid qui fut son berceau,
« Le chevreuil sous un arbrisseau,

DIACRE.

« Dans un sillon le lièvre agile;
« Effrayé par un léger bruit,
« Le ver qui serpente et s'enfuit
« Sous l'herbe ou la feuille qui tombe,
« Échappe au pied qui le poursuit...
« Notre asile à nous, c'est la tombe!

«Heureux qui meurt chrétien! Grand Dieu, leur cruauté
« Veut convertir les cœurs par le glaive et les flammes,
« Dans le temple où tes saints prêchaient la vérité,
« Où de leur bouche d'or descendaient dans nos ames
  « L'espérance et la charité.

« Sur ce rivage, où des idoles
« S'éleva l'autel réprouvé,
« Ton culte pur s'est élevé
« Des semences de leurs paroles.
« Mais cet arbre, enfant des déserts,
« Qui doit ombrager l'univers,
« Fleurit pour nous sur des ruines,
« Ne produit que des fruits amers,
« Et meurt tranché dans ses racines.

« O Dieu, la Grèce libre en ses jours glorieux
« N'adorait pas encor la parole éternelle ;
« Chrétienne, elle est aux fers, elle invoque les cieux.
« Dieu vivant, seul vrai Dieu, feras-tu moins pour elle
   « Que Jupiter et ses faux dieux? »

Il chantait, il pleurait, quand d'une tour voisine
Un Musulman se lève, il court, il est armé.
Le turban du soldat sur son mousquet s'incline,
L'étincelle jaillit, le salpêtre a fumé,
L'air siffle, un cri s'entend.. l'hymne pieux expire.
Ce cri, qui l'a poussé? vient-il de ton esquif?
Est-ce toi qui gémis, Lévite? est-ce ta lyre
Qui roule de tes mains avec ce bruit plaintif?
Mais de la nuit déjà tombait le voile sombre;
La barque, se perdant sous un épais brouillard,
Et sans rame, et sans guide, errait comme au hasard:
Elle resta muette et disparut dans l'ombre.

La nuit fut orageuse. Aux premiers feux du jour,
Du golfe avec terreur mesurant l'étendue,
Un vieillard attendait, seul, au pied de la tour.
Sous des flocons d'écume un luth frappe sa vue,

Un luth qu'un plomb mortel semble avoir traversé,
Qui n'a plus qu'une corde à demi détendue,
Humide et rouge encor d'un sang presque effacé.
Il court vers ce débris, il se baisse, il le touche...
D'un frisson douloureux soudain son corps frémit;
Sur les tours de Coron il jette un œil farouche !
Veut crier... la menace expire dans sa bouche ;
Il tremble à leur aspect, se détourne et gémit.

Mais du poids qui l'oppresse enfin son cœur se lasse;
Il fuit des yeux cruels qui gênent ses douleurs;
Et regardant les cieux, seul témoin de ses pleurs,
Le long des flots bruyans il murmure à voix basse :
« Je t'attendais hier, je t'attendis long-temps;
« Tu ne reviendras plus, et c'est toi qui m'attends ! »

SEPTIÈME MESSÉNIENNE.

PARTHÉNOPE ET L'ÉTRANGÈRE.

O femme, que veux-tu?-Parthénope, un asile.
-Quel est ton crime?-Aucun.-Qu'as-tu fait?-Des ingrats.
-Quels sont tes ennemis?-Ceux qu'affranchit mon bras;
Hier on m'adorait, aujourd'hui l'on m'exile.
-Comment dois-tu payer mon hospitalité?
-Par des périls d'un jour et des lois éternelles.
-Qui t'osera poursuivre au sein de ma cité?
-Des rois.-Quand viendront-ils?-Demain.-De quel côté?
-De tous...Eh bien! pour moi tes portes s'ouvrent-elles?
-Entre; quel est ton nom?-Je suis la Liberté!

  Recevez-la, remparts antiques,
  Par elle autrefois habités;
  Au rang de vos divinités
  Recevez-la, sacrés portiques;

Levez-vous, ombres heroiques,
Faites cortége à ses côtés.
Beau ciel napolitain, rayonne d'allégresse;
O terre, enfante des soldats;
Et vous, peuples, chantez; peuples, c'est la deesse
Pour qui mourut Léonidas.
Sa tête a dédaigné des ornemens futiles :
Les siens sont quelques fleurs qui semblent s'entr'ouvrir;
Le sang les fit éclore au pied des Thermopyles
Deux mille ans n'ont pu les flétrir.

Sa couronne immortelle exhale sur sa trace
Je ne sais quel parfum dont s'enivre l'audace ;
Sa voix terrible et douce a des accens vainqueurs,
Qui ne trouvent point de rebelle ;
Ses yeux d'un saint amour font palpiter les cœurs,
Et la vertu seule est plus belle.

Le peuple se demande, autour d'elle arrête.
Comment elle a des rois encouru la colère.
« Hélas ! répond cette noble étrangère,
« Je leur ai dit la vérité.
« Si jamais sous mon nom l'imprudence ou la haine

« Ébranla leur pouvoir, que je veux contenir,
« Est-ce à moi d'en porter la peine?
« Est-ce aux Germains à m'en punir?

« Ont-ils donc oublié, ces vaincus de la veille,
« Ces esclaves d'hier, aujourd'hui vos tyrans,
« Que leurs cris de détresse ont frappé mon oreille,
« Qu'auprès d'Arminius j'ai marché dans leurs rangs?
« Seule, j'ai rallié leurs peuplades tremblantes;
« Et, de la Germanie armant les défenseurs,
« J'ai creusé de mes mains, dans ses neiges sanglantes,
« Un lit de mort aux oppresseurs.

« Vengez-moi, justes Dieux qui voyez mes outrages.
« Puisse le souvenir de mes bienfaits passés
« Poursuivre ces ingrats, par l'effroi dispersés !
« Puissent les fils d'Odin errans sur les nuages,
« Le front chargé d'orages,
« La nuit leur apparaître à la lueur des feux!
« Et puissent les débris des légions romaines,
« Dont j'ai blanchi leurs plaines,
« Se lever devant eux!

« Que dis-je? Rome entière est-elle ensevelie
  « Dans la poudre de leurs sillons?
« Mon pied, frappant le sein de l'antique Italie,
  « En fait jaillir des bataillons.
« Rome, ne sens-tu pas, au fond de tes entrailles,
  « S'agiter les froids ossemens
« Des guerriers citoyens, que tant de funérailles
  « Ont couchés sous tes monumens?
« Génois, brisez vos fers; la mer impatiente
« De vous voir secouer un indigne repos,
« Se gonfle avec orgueil sous la forêt flottante
  « Où vous arborez mes drapeaux.

« Veuve des Médicis, renais, noble Florence!
« Préfère à ton repos tes droits que je défends;
« Préfère à l'esclavage, où dorment tes enfans,
  « Ton orageuse indépendance.

« O fille de Neptune, ô Venise, ô cité
« Belle comme Vénus, et qui sortis comme elle
« De l'écume des flots, surpris de ta beauté,
« Épouvante Albion d'une splendeur nouvelle.
« Doge, règne en mon nom; sénat, reconnais-moi;

« Réveille-toi, Zéno ; Pisani, lève-toi :
« C'est la Liberté qui t'appelle. »

Elle dit : à sa voix s'agite un peuple entier.
    Dans la fournaise ardente
    Je vois blanchir l'acier :
    J'entends le fer crier
    Sous la lime mordante ;
L'enclume au loin gémit, l'airain sonne, un guerrier
Prépare à ce signal sa lance menaçante,
    Un autre son coursier.

Le père chargé d'ans, mais jeune encor d'audace,
Arme son dernier fils, le devance et prend place
    Au milieu des soldats.
Arrêté par sa sœur qui rit de sa colère,
    L'enfant dit à sa mère :
    Je veux mourir dans les combats.

Que n'auraient-ils pas fait, ceux en qui la vaillance
    Avait la force pour appui ?
Quel homme dans la fuite eût mis son espérance,

Et quel homme aurait craint pour lui
Cette mort que cherchaient la vieillesse et l'enfance ?

Ils s'écrièrent tous d'une commune voix :
« Assis sous ton laurier que nous courons défendre ,
« Virgile, prends ta lyre et chante nos exploits;
« Jamais un oppresseur ne foulera ta cendre. »
Ils partirent alors ces peuples belliqueux,
Et trente jours plus tard, oppresseur et tranquille,
Le Germain triomphant s'enivrait avec eux
  Au pied du laurier de Virgile.

La Liberté fuyait en détournant les yeux,
  Quand Parthénope la rappelle.
La déesse un moment s'arrête au haut des cieux;
  « Tu m'as trahie; adieu, dit-elle,
Je pars.-Quoi! pour toujours?-On m'attend.-Dans quel lieu?
-En Grèce.-On y suivra tes traces fugitives.
-J'aurai des défenseurs.-Là, comme sur mes rives,
On peut céder au nombre.-Oui, mais on meurt; adieu! »

HUITIÈME MESSÉNIENNE.

AUX RUINES
DE LA GRÈCE PAIENNE.

O sommets de Taygète, ò rives du Pénée,
De la sombre Tempé vallons silencieux,
O campagnes d'Athène, ò Grèce infortunée,
Où sont pour t'affranchir tes guerriers et tes dieux?

Doux pays, que de fois ma muse en espérance
Se plut à voyager sous ton ciel toujours pur!
De ta paisible mer, où Vénus prit naissance,
Tantôt du haut des monts je contemplais l'azur,
Tantôt, cachant au jour ma tête ensevelie
  Sous tes bosquets hospitaliers,
J'arrêtais vers le soir, dans un bois d'oliviers,
  Un vieux pâtre de Thessalie.

« Des dieux de ce vallon contez-moi les secrets,
« Berger; quelle déesse habite ces fontaines?
« Voyez-vous quelquefois les nymphes des forêts
  « Entr'ouvrir l'écorce des chênes?
« Bacchus vient-il encor féconder vos coteaux?
« Ce gazon que rougit le sang d'un sacrifice,
« Est-ce un autel aux dieux des champs et des troupeaux?
  « Est-ce le tombeau d'Eurydice? »
Mais le pâtre répond par ses gémissemens :
C'est sa fille au cercueil qui dort sous ces bruyères;
Ce sang qui fume encor, c'est celui de ses frères
  Egorgés par les Musulmans.

O sommets de Taygète, ô rives du Pénée,
De la sombre Tempé vallons silencieux,
O campagnes d'Athène, ô Grèce infortunée,
Où sont pour t'affranchir tes guerriers et tes dieux?

« Quelle cité jadis a couvert ces collines?
«Sparte, répond mon guide...»Eh quoi! ces murs déserts,
Quelques pierres sans nom, des tombeaux, des ruines,
Voilà Sparte, et sa gloire a rempli l'univers!
Le soldat d'Ismaël, assis sur ces décombres,

DE LA GRÈCE PAÏENNE.

    Insulte aux grandes ombres
      Des enfans d'Hercule en courroux.
N'entends-je pas gémir sous ces portiques sombres?
      Mânes des trois cents, est-ce vous?...

Eurotas, Eurotas, que font ces lauriers-roses
Sur ton rivage en deuil, par la mort habité?
Est-ce pour faire outrage à ta captivité
    Que ces nobles fleurs sont écloses?
Non, ta gloire n'est plus; non, d'un peuple puissant
Tu ne reverras plus la jeunesse héroïque
Laver parmi tes lis ses bras couverts de sang,
Et dans ton cristal pur sous ses pas jaillissant
    Secouer la poudre olympique.

C'en est fait, et ces jours que sont-ils devenus,
Où le cygne argenté, tout fier de sa parure,
Des vierges dans ses jeux caressait les pieds nus,
Où tes roseaux divins rendaient un doux murmure,
Où réchauffant Léda pâle de volupté,
Froide et tremblante encore au sortir de tes ondes,
Dans le sein qu'il couvrait de ses ailes fécondes,

Un Dieu versait la vie et l'immortalité?

C'en est fait ; et le cygne , exilé d'une terre
    Où l'on enchaîne la beauté,
    Devant l'éclat du cimeterre
    A fui comme la Liberté.

O sommets de Taygète, ô rives du Pénée,
De la sombre Tempé vallons silencieux,
O campagnes d'Athène, ô Grèce infortunée,
Où sont pour t'affranchir tes guerriers et tes dieux?

Ils sont sur tes débris! Aux armes! voici l'heure
Où le fer te rendra les beaux jours que je pleure!
Voici la Liberté, tu renais à son nom;
Vierge comme Minerve, elle aura pour demeure
    Ce qui reste du Parthénon.

Des champs de Sunium , des bois du Cythéron,
Descends, peuple chéri de Mars et de Neptune!
Vous, relevez les murs; vous , préparez les dards !

Femmes, offrez vos vœux sur ces marbres épars :
  Là fut l'autel de la Fortune.
Autour de ce rocher rassemblez-vous, vieillards :
  Ce rocher portait la tribune ;
Sa base encor debout parle encore aux héros.
  Qui peuplent la nouvelle Athènes :
Prêtez l'oreille... il a retenu quelques mots
  Des harangues de Démosthènes.

Guerre, guerre aux tyrans ! Nochers ! fendez les flots !
Du haut de son tombeau Thémistocle domine
  Sur ce port qui l'a vu si grand ;
Et la mer à vos pieds s'y brise en murmurant
  Le nom sacré de Salamine.

Guerre aux tyrans ! Soldats, le voilà ce clairon
Qui des Perses jadis a glacé le courage !
Sortez par ce portique, il est d'heureux présage :
Pour revenir vainqueur, par là sortit Cimon.
C'est là que de son père on suspendit l'image !
Partez, marchez, courez, vous courez au carnage,
  C'est le chemin de Marathon !

AUX RUINES DE LA GRÈCE PAIENNE.

O sommets de Taygète, ô débris du Pyrée,
O Sparte, entendez-vous leurs cris victorieux ?
La Grèce a des vengeurs, la Grèce est délivrée,
La Grèce a retrouvé ses héros et ses dieux !

NEUVIÈME MESSÉNIENNE.

TYRTÉE AUX GRECS.

« Le soleil a paru : sa clarté menaçante
Du fer des bouchers jaillit en longs reflets.
Les guerriers sont debout, immobiles, muets ;
Ils pressent de leurs dents leur lèvre frémissante.
Tous, pleins d'un vague effroi qu'ils ont peine à cacher,
Attendent le péril, sans pouvoir le chercher.
　　Moment d'un siècle ! horrible attente !
Ah ! quand donnera-t-on le signal de marcher ? »

Vieillard, garde ton rang... mais il court, il s'écrie :
« Le signal est donné de vaincre ou de mourir ;
« Ma vie est mon seul bien, je l'offre à la patrie ·
　　« Liberté, je cours te l'offrir. »

Opprobre à tout guerrier dans la vigueur de l'âge,

Qui s'enfuit comme un lâche en spectacle au vainqueur,
Tandis que ce vieillard prodigue avec courage
Un reste de vieux sang qui réchauffait son cœur!
Sous les pieds des coursiers il se dresse, il présente
    Sa barbe blanchissante,
L'intrépide pâleur de son front irrité;
Tombe, expire; et le fer, qu'il voit sans épouvante,
    De sa bouche expirante
Arrache avec son ame un cri de liberté.

Liberté! Liberté! viens, reçois sa grande ame!
Devance nos coursiers sur tes ailes de flamme;
Viens, Liberté, marchons. Aux vautours dévorans
Que nos corps, si tu veux, soient jetés en pâture:
Il est cent fois plus doux de rester dans tes rangs,
    Vaincus, morts et sans sépulture,
    Que de vaincre pour les tyrans.

    Gloire à nous! gloire au courage!
    Gloire à nos vaillans efforts!
    A nous le champ du carnage!
    A nous les restes des morts!
    Rapportons dans nos murailles

AUX GRECS.

Ceux qu'aux glaives des batailles
Le dieu Mars avait promis :
Citoyens, voilà vos frères!
Ils ont pour lits funéraires
Les drapeaux des ennemis.

Survivre à sa victoire, ô douce et noble vie!
Mourir victorieux, ô mort digne d'envie!

Il rentre sans blessure, et non pas sans lauriers,
    L'heureux vengeur de nos dieux domestiques.
Quels bras reconnaissans ont dressé ces portiques?
Que de fleurs sur ses pas! que d'emblèmes guerriers!
Le peuple, aux jeux publics où ce héros préside,
    Se lève devant son appui;
Le vieillard lui fait place, et la vierge timide
Le montre à sa compagne en murmurant : C'est lui!
Il rentre le vainqueur, mais porté sur ses armes.
Est-il pour son bûcher d'appareil assez beau?
    Pour le pleurer est-il assez de larmes?
Est-il marbre assez pur pour orner son tombeau?
Ses exploits sont chantés, sa mémoire est chérie;
Il monte au rang des dieux qu'adore la patrie.
Elle comble d'honneurs ses mânes triomphans,

Et son père, et ses fils, et sa famille entière,
　　Et les enfans de ses enfans
　　Dans leur postérité dernière. »

Debout, la lyre en main, à l'aspect des deux camps,
　　Ainsi chantait le vieux Tyrtée.
　　Pour la Grèce ressuscitée
Que ne puis-je aujourd'hui ressusciter ses chants !
Je vous dirais, ô Grecs, ressemblez à vos pères :
Soyez libres comme eux, ou mourez en héros.
　　Jadis vous combattiez vos frères,
　　Et vous combattez vos bourreaux.

Ils viennent ! Aux clartés dont la mer se colore
　　J'ai reconnu leurs pavillons.
Quel volcan a lancé ces épais tourbillons ?
Dans l'ombre de la nuit quelle effroyable aurore !...
La dernière pour toi, que la flamme dévore,
Chio*, tu vois tomber tes pieux monumens.
Ils tombent ces palais que l'art en vain décore ;

---

* La catastrophe de Chio eut lieu en 1822, l'incendie et les massacres se prolongèrent pendant les mois de mai et de juin

AUX GRECS.

Et de ces bois en fleurs, où de tendres sermens
    Hier retentissaient encore,
   Sortent de longs gémissemens.

Ouvrez les yeux, ô Grecs! ô Grecs, prêtez l'oreille :
Vous verrez le tombeau, vous entendrez les cris
    De tout un peuple qui s'éveille,
Poursuivi par le fer, la foudre et les débris;
Vous verrez une plage horrible, inhabitée,
Où, chassé par les feux vainqueurs de ses efforts,
      recule en roulant sur des morts,
       écume ensanglantée.

    frères massacrés,
  z vos femmes expirantes;
   ıps se sont désaltérés
    ırs entrailles palpitantes.

Vengez-les, vengez-vous!... Ténédos! Ténédos!
Deux esquifs à ta voix ont sillonné les flots :
Tels, vomis par ton sein sur la plaine azurée,
   S'avançaient ces serpens hideux,

Se dressant, perçant l'air de leur langue acérée,
De leurs anneaux mouvans fouettant l'onde autour d'eux,
Quand la triste Ilion les vit sous ses murailles,
A leur triple victime attachés tous les deux,
La saisir, l'enlacer de leurs flexibles nœuds,
    L'emprisonner dans leurs écailles.

    Tels et plus terribles encor,
Ces deux esquifs de front fendent les mers profondes.
    De vos rames battez les ondes,
Allez, vers ce vaisseau cinglez d'un même
L'incendie a glissé sous la carène ardente.
Il se dresse à la poupe, il siffle autour des flancs;
De cordage en cordage il s'élance, il serpente,
Enveloppe les mâts de ses replis brûlans;
De sa langue de feu, qui s'alonge à leur cime,
Saisit leurs pavillons consumés dans les airs,
Et, pour la dévorer, embrassant la victime
Avec ses mâts rompus, ses ponts, ses flancs ouverts,
Ses foudres, ses nochers engloutis par les mers,
    S'enfonce en grondant dans l'abîme*.

---

* Constantin Canaris, commandant de deux brûlots, rend ainsi compte de son expédition de Ténédos. J'arrivai en rade sous pavillon ottoman, oblige

AUX GRECS.

Ah! puisses-tu toujours triompher et punir !
Ce sont mes vœux, ô Grèce, et, devançant l'histoire,
Jadis l'heureux Tyrtée eût prédit ta victoire.
Alors c'était le temps cher à ton souvenir,
   Où les amans des filles de mémoire,
Comme dans le passé lisaient dans l'avenir.

Mais du jour qu'infidèle à ces vierges célestes,
Leur hommage adultère a cherché les tyrans,
Du jour qu'ils ont changé leurs parures modestes
Contre quelques lambeaux de la pourpre des grands,
Qu'ils ont d'un art divin profané les miracles,
En illustrant le vice, en consacrant l'erreur,
A leur bouche vénale Apollon en fureur
   A ravi le don des oracles.

Condamne-toi, ma muse, à de stériles vœux :

---

de passer entre la terre et les vaisseaux turcs, je ne pus jeter mes grappins aux bossoirs de l'amiral alors je profitai du mouvement de la vague pour faire entrer mon beaupré dans un de ses sabords, et dès qu'il fut ainsi engagé, j'y mis le feu, en criant aux Turcs, *Vous voila brûles comme à Chio !* La terreur se répandit aussitôt parmi eux, je descendis dans mon canot avec mes matelots, sans aucun danger, car l'ennemi ne tira pas même un coup de fusil

  Pouqueville, *Histoire inédite de la régénération de la Grèce,* liv VIII.

Mais refuse tes chants aux oppresseurs heureux.
Que de la vérité tes vers soient les esclaves ;
De ses chastes faveurs faisons nos seuls amours ;
    Sans orgueil préférons toujours
Une pauvreté libre à de riches entraves ;
Et si quelque mortel justement respecté
Entend frémir pour lui les cordes de ma lyre,
    O ma muse ! qu'il puisse dire :
« S'il ne m'admirait pas, il ne m'eût pas chanté ! »

DIXIÈME MESSÉNIENNE.

LE VOYAGEUR.

« Tu nous rends nos derniers signaux ;
« Le long du bord le câble crie ;
« L'ancre s'élève et sort des eaux ;
« La voile s'ouvre ; adieu, patrie !

« Des flots l'un par l'autre heurtés
« Je vois fuir les cimes mouvantes,
« Comme les flocons argentés
« De toisons sur nos monts errantes.

« Je vois se dérouler les nœuds
« Qui mesurent l'humide plaine,

« Et je vogue, averti par eux
« Que loin de toi le vent m'entraîne.

« Doux pays, bois sacrés, beaux lieux,
« Je pars, et pour toujours peut-être ! »
Disait un Grec dans ses adieux
A Cypre qui l'avait vu naître;

« Sur vos rives la liberté,
« Ainsi que la gloire, est proscrite;
« Je pars, je les suis, et je quitte
« Le beau ciel qu'elles ont quitté. »

Il chercha la liberté sainte
D'Agrigente aux vallons d'Enna;
Sa flamme antique y semble éteinte,
Comme les flammes de l'Etna.

A Naple, il trouva son idole
Qui tremblait un glaive à la main;

LE VOYAGEUR.

Il vit Rome, et pas un Romain
Sur les débris du Capitole!

O Venise, il vit tes guerriers;
Mais ils ont perdu leur audace
Plus vite que tes gondoliers
N'ont oublié les vers du Tasse.

Il chercha sous le ciel du Nord
Pour les Grecs un autre Alexandre...
Ah! dit-il, le Phénix est mort,
Et ne renaît plus de sa cendre!

A Vienne, il apprit dans les rangs
Des oppresseurs de l'Ausonie
Que le succès change en tyrans
Les vainqueurs de la tyrannie.

Il trouva les Anglais trop fiers;
Albion se dit magnanime;

Des noirs elle a brisé les fers,
Et ce sont les blancs qu'elle opprime ;

Il parcourt Londre, en y cherchant
Cet homme, l'effroi de la terre,
Dont la splendeur à son couchant
Pour tombeau choisit l'Angleterre.

Mais elle a craint ce prisonnier,
Et, reculant devant sa gloire,
A mis l'Océan tout entier
Entre un seul homme et la victoire.

Sur toi, Cadix, il vient pleurer :
Tos soldats couvraient t d rivage ;
vient, maudissant leur courage ;
l art, de peur de l'admirer.

Pari appelle ; au seuil d'un temple
Le ec, dans nos murs arrêté,

LE VOYAGEUR.

Sur l'autel voit la Liberté...
Mais c'est un marbre qu'il contemple,

Semblable à ces dieux inconnus,
A ces images immortelles
Dont les formes sont encor belles,
Dont la divinité n'est plus.

Pour revoir son île chérie,
Il franchit les flots écumans;
Mais le courroux des Musulmans
Avait passé sur sa patrie.

Des débris en couvraient les bords,
Et de leur cendre amoncelée
Les vautours, prenant leur volée,
Emportaient les lambeaux des morts*.

---

* Cypre fut desolee par les Turcs au mois d'août 1822. Soixante bourgs ou villages avaient entièrement disparu au mois de septembre de la même année.
POUQUEVILLE, *Histoire inedite de la regeneration de la Grece*, liv. IX.

Il dit, s'élançant dans l'abîme :
« Les peuples sont nés pour souffrir ;
« Noir Océan, prends ta victime,
« S'il faut être esclave ou mourir ! »

Ainsi l'Alcyon, moins timide,
Part et se croit libre en quittant
La rive où sa mère l'attend
Dans le nid qu'il a laissé vide.

Il voltige autour des palais,
Orgueil de la cité prochaine,
Et voit ses frères qu'on enchaîne,
Se débattre dans des filets.

Il voit le rossignol, qui chante
Les amours et la liberté,
Puni par la captivité
Des doux sons de sa voix touchante.

De l'Olympe il voit l'aigle altier
Briser, pour sortir d'esclavage,

LE VOYAGEUR

Son front royal et prisonnier
Contre les barreaux de sa cage.

Vers sa mère il revient tremblant,
Et l'appelle en vain sur la rive,
Où flotte le duvet sanglant
De quelque plume fugitive.

L'oiseau reconnaît ces débris ;
Il suit le flot qui les emporte,
Rase l'onde en poussant des cris,
Plonge et meurt... où sa mère est morte.

ONZIÈME MESSÉNIENNE.

A NAPOLEON.

De lumière et d'obscurité,
De néant et de gloire étonnant assemblage,
Astre fatal aux rois comme à la liberté ;
Au plus haut de ton cours porté par un orage,
 Et par un orage emporté,
Toi, qui n'as rien connu, dans ton sanglant passage,
D'égal à ton bonheur que ton adversité ;

Dieu mortel, sous tes pieds les monts courbant leurs têtes
 T'ouvraient un chemin triomphal ;
Les élémens soumis attendaient ton signal :
D'une nuit pluvieuse écartant les tempêtes,
 Pour éclairer tes fêtes,
Le soleil t'annonçait sur son char radieux ;

L'Europe t'admirait dans une horreur profonde,
Et le son de ta voix, un signe de tes yeux,
    Donnaient une secousse au monde.

Ton souffle du chaos faisait sortir les lois;
Ton image insultait aux dépouilles des rois,
Et, debout sur l'airain de leurs foudres guerrières,
Entretenait le ciel du bruit de tes exploits.
Les cultes renaissans, étonnés d'être frères,
Sur leurs autels rivaux, qui fumaient à la fois,
    Pour toi confondaient leurs prières.

« Conservez, disaient-ils, le vainqueur du Thabor,
    « Conservez le vainqueur du Tibre; »
Que n'ont-ils pour ta gloire ajouté plus encor:
« Dieu juste, conservez le roi d'un peuple libre! »

Tu régnerais encor si tu l'avais voulu.
Fils de la Liberté, tu détrônas ta mère.
Armé contre ses droits d'un pouvoir éphémère,
Tu croyais l'accabler, tu l'avais résolu!

A NAPOLEON.

Mais le tombeau creusé pour elle
Dévore tôt ou tard le monarque absolu :
Un tyran tombe ou meurt; seule elle est immortelle.

Justice, droits, sermens, peux-tu rien respecter ?
D'un antique lien périsse la mémoire !
L'Espagne est notre sœur de dangers et de gloire ;
Tu la veux pour esclave, et n'osant ajouter
A ta double couronne un nouveau diadème,
Sur son trône conquis ton orgueil veut jeter
   Un simulacre de toi-même.

   Mais non, tu l'espérais en vain.
Ses prélats, ses guerriers l'un l'autre s'excitèrent,
Les croyances du peuple à leur voix s'exaltèrent.
Quels signes précurseurs d'un désastre prochain !
Le beffroi, qu'ébranlait une invisible main,
S'éveillait de lui-même et sonnait les alarmes ;
Les images des preux s'agitaient sous leurs armes ;
On avait vu des pleurs mouiller leurs yeux d'airain ;
On avait vu le sang du Sauveur de la terre
Des flancs du marbre ému sortir à longs ruisseaux ;

Les morts erraient dans l'ombre, et ces cris : guerre ! guerre !
    S'élevaient du fond des tombeaux.

Une nuit, c'était l'heure où les songes funèbres
Apportent aux vivans les leçons du cercueil ;
Où le second Brutus vit son génie en deuil
Se dresser devant lui dans l'horreur des ténèbres ;
Où Richard, tourmenté d'un sommeil sans repos,
Vit les mânes vengeurs de sa famille entière,
    Rangés autour de ses drapeaux,
Le maudire et crier : Voilà ta nuit dernière !
Napoléon veillait, seul et silencieux :
La fatigue inclinait cette tête puissante
Sur la carte immobile où s'attachaient ses yeux ;
Trois guerrières, trois sœurs parurent sous sa tente.

  Pauvre et sans ornemens, belle de ses hauts faits,
La première semblait une vierge romaine
    Dont le ciel a bruni les traits.
    Le front ceint d'un rameau de chêne,
Elle appuyait son bras sur un drapeau français.
Il rappelait un jour d'éternelle mémoire ;
Trois couleurs rayonnaient sur ses lambeaux sacrés

A NAPOLEON.

Par la foudre noircis, poudreux et déchirés,
  Mais déchirés par la victoire.

« Je t'ai connu soldat; salut: te voilà roi.
  « De Marengo la terrible journée
« Dans tes fastes, dit-elle, a pris place après moi;
    « Salut; je suis sa sœur aînée.

  « Je te guidais au premier rang;
« Je protégeai ta course et dictai la parole
« Qui ranima des tiens le courage expirant,
    « Lorsque la mort te vit si grand,
« Qu'elle te respecta sous les foudres d'Arcole.

« Tu changeas mon drapeau contre un sceptre d'airain.
« Tremble, je vois pâlir ton étoile éclipsée.
« La force est sans appui, du jour qu'elle est sans frein.
« Adieu, ton règne expire et ta gloire est passée. »

La seconde unissait aux palmes des déserts
    Les dépouilles d'Alexandrie.
Les feux dont le soleil inonde sa patrie,
De ses brûlans regards allumaient les éclairs.

Sa main, par la conquête armée,
Dégouttante du sang des descendans d'Omar,
 Tenait le glaive de César
 Et le compas de Ptolémée.

« Je t'ai connu banni ; salut : te voilà roi.
 « Du mont Thabor la brillante journée
« Dans tes fastes, dit-elle, a pris place après moi ;
 « Salut ! je suis sa sœur aînée.

 « Je te dois l'éclat immortel
« Du nom que je reçus aux pieds des Pyramides.
 « J'ai vu les turbans d'Ismaël
« Foulés au bord du Nil par tes coursiers rapides.
« Les arts sous ton égide avaient placé leurs fils,
« Quand des restes muets de Thèbe et de Memphis
 « Ils interrogeaient la poussière ;
« Et, si tu t'égarais dans ton vol glorieux,
« C'était comme l'aiglon qui se perd dans les cieux,
 « C'était pour chercher la lumière.

« Tu voulus l'étouffer sous ton sceptre d'airain :

A NAPOLEON.

« Tremble, je vois pâlir ton étoile éclipsée.
« La force est sans appui, du jour qu'elle est sans frein.
« Adieu! ton règne expire, et ta gloire est passée. »

La dernière... ô pitié, des fers chargeaient ses bras!
L'œil baissé vers la terre où chacun de ses pas
  Laissait une empreinte sanglante,
  Elle s'avançait chancelante
En murmurant ces mots : MEURT ET NE SE REND PAS.
Loin d'elle les trésors qui parent la conquête,
  Et l'appareil des drapeaux prisonniers!
  Mais des cyprès, beaux comme des lauriers,
De leur sombre couronne environnaient sa tête.

« Tu ne me connaîtras qu'en cessant d'être roi.
 « Ecoute et tremble : aucune autre journée
« Dans tes fastes jamais n'aura place après moi,
  « Et je n'eus point de sœur aînée.

« De vaillance et de deuil souvenir désastreux,
« J'affranchirai les rois que ton bras tient en laisse,
« Et je transporterai la chaîne qui les blesse

« Aux peuples qui vaincront pour eux.
« Les siècles douteront, en lisant ton histoire,
    « Si tes vieux compagnons de gloire,
« Si ces débris vivans de tant d'exploits divers,
« Se sont plus illustrés par trente ans de victoire,
    « Que par un seul jour de revers.

« Je chasserai du ciel ton étoile éclipsée ;
« Je briserai ton glaive et ton sceptre d'airain :
« La force est sans appui, du jour qu'elle est sans frein.
« Adieu ! ton règne expire, et ta gloire est passée. »

Toutes trois vers le ciel avaient repris l'essor,
Et le guerrier surpris les écoutait encor :
Leur souvenir pesait sur son ame oppressée ;
    Mais aux roulemens du tambour,
Cette image bientôt sortit de sa pensée,
Comme l'ombre des nuits se dissipe effacée
    Par les premiers rayons du jour.

Il crut avoir dompté les enfans de Pélage ;
Entraîné de nouveau par ce char vagabond

A NAPOLEON.

Qui portait en tous lieux la guerre et l'esclavage,
Passant sur son empire, il le franchit d'un bond;
Et tout fumans encor, ses coursiers hors d'haleine,
Que les feux du midi naguère avaient lassés,
De la Bérésina, qui coulait sous sa chaîne,
  Buvaient déjà les flots glacés.

Il dormait sur la foi de son astre infidèle,
Trompé par ces flatteurs dont la voix criminelle
  L'avait mal conseillé.
Il rêvait, en tombant, l'empire de la terre,
Et ne rouvrit les yeux qu'aux éclats du tonnerre :
  Où s'est-il réveillé!...

Seul et sur un rocher d'où sa vie importune
Troublait encor les rois d'une terreur commune,
Du fond de son exil encor présent partout,
Grand comme son malheur, détrôné, mais debout
  Sur les débris de sa fortune.

Laissant l'Europe vide et la victoire en deuil,
Ainsi, de faute en faute et d'orage en orage,

Il est venu mourir sur un dernier écueil,
  Où sa puissance a fait naufrage.
La vaste mer murmure autour de son cercueil.

Une île t'a reçu sans couronne et sans vie,
Toi qu'un empire immense eut peine à contenir ;
Sous la tombe, où s'éteint ton royal avenir,
Descend avec toi seul toute une dynastie.
Et le pêcheur le soir s'y repose en chemin ;
Reprenant ses filets qu'avec peine il soulève
Il s'éloigne à pas lents, foule ta cendre, et rêve...
  A ses travaux du lendemain.

DOUZIÈME MESSÉNIENNE

LORD BYRON.

« Non, tu n'es pas un aigle, » ont crié les serpens,
Quand son vol faible encor trompait sa jeune audace :
Et déjà sur le dos de ces monstres rampans
Du bec vengeur de l'aigle il imprimait la trace ;
Puis, le front dans les cieux de lumière inondés,
Les yeux sur le soleil, les ongles sur la foudre,
Il dit à ces serpens qui sifflaient dans la poudre :
    « Que suis-je ? répondez. »

Tel fut ton noble essor, Byron, et quelle vie,
    Vieille de gloire en un matin,
D'un bruit plus imposant, d'un éclat plus soudain,
    Irrita la mort et l'envie ?
Par de lâches clameurs quel génie insulté

Dans son obscurité première,
Changea plus promptement et sa nuit en lumière,
Et son siècle en postérité?

Poètes, respectez les prêtres et les femmes,
Ces terrestres divinités!
Comme dans les célestes ames,
L'outrage est immortel dans leurs cœurs irrités.
Un temple, qu'on mutile*, a recueilli Voltaire :
Vain refuge, et l'écho des foudres de la chaire,
Que le prêtre accoutume à maudire un grand nom,
Tonne encor pour chasser son ombre solitaire
Des noirs caveaux du Panthéon.

Byron, tu préféras, sous le ciel d'Ibérie,
Des roses de Cadix l'éclat et les couleurs
Aux attraits de ces nobles fleurs
Pâles comme le ciel de ta froide patrie**;

---

* Allusion à cette belle inscription, qu'on avait effacée sur le fronton du Panthéon AUX GRANDS HOMMES LA PATRIE RECONNAISSANTE. La révolution de 1830 a rendu le monument aux grands hommes, et rétabli l'inscription.

** Who round the north for paler dames would seek?
How poor their forms appear! how languid, wan, and weak!
CHILDE-HAROLD, Canto I

De là tes jours de deuil, de là tes longs malheurs !
Des vierges d'Albion la beauté méprisée
 Te poursuivit jusqu'au cercueil,
 Et de l'Angleterre abusée
 Tu fus le mépris et l'orgueil.

En vain leurs yeux ardens dévoraient tes ouvrages;
L'auteur par son exil expia ses outrages;
Et tu n'as rencontré sous des cieux différens,
Des créneaux de Chillon aux débris de Mégare,
Des gouffres d'Abydos aux cachots de Ferrare,
Que sujets d'accuser les dieux et les tyrans.

Victime de l'orgueil, tu chantas les victimes
 Qu'il immole sur ses autels;
Entouré de débris qui racontaient des crimes,
 Tu peignis de grands criminels.
Rebelle à son malheur, ton ame indépendante
N'en put sans désespoir porter le joug de fer :
 Persécuté comme le Dante,
 Comme lui tu rêvas l'enfer.

L'Europe doit t'absoudre, en lançant l'anathème

Sur tes tristes imitateurs.
La gloire n'appartient qu'aux talens créateurs;
Sois immortel: tu fus toi-même.
Il brille d'un éclat que rien ne peut ternir,
Ce tableau de la Grèce au cercueil descendue,
Qui n'a plus de vivant que le grand souvenir
De sa gloire à jamais perdue.

Contemplez une femme, avant que le linceul*
En tombant sur son front brise votre espérance
Le jour de son trépas, ce premier jour du deuil
Où le danger finit, où le néant commence:
Quelle triste douceur! quel charme attendrissant!
Que de mélancolie, et pourtant que de grace
Dans ces lèvres sans vie où la pâleur descend!
Comme votre œil avide admire en frémissant
Le calme de ses traits dont la forme s'efface,
La morne volupté de son sein pâlissant!
Du corps inanimé l'aspect glace votre ame:

---

* Tout le monde connaît ces beaux vers de lord Byron.
    He who hath bent him o'er the dead
    Ere the first day of death is fled,
    The first dark day of nothingness
    The last of danger and distress   etc.

Pour vous-même attendri, vous lisez vos destins
Dans l'immobilité de ses beaux yeux éteints.
Ils ont séduit, pleuré, lancé des traits de flamme,
Et les voilà sans feux, sans larmes, sans regard !
Pour qu'il vous reste un doute, il est déjà trop tard;
Mais l'espoir un moment suspendit votre crainte,
Tant sa tête repose avec sérénité !
Tant la main de la mort s'est doucement empreinte
Sur ce paisible front par elle respecté,
Où la vie en fuyant a laissé la beauté !

C'est la Grèce, as-tu dit, c'est la Grèce opprimée ;
La Grèce belle encor, mais froide, inanimée ;
La Grèce morte !... Arrête, et regarde ses yeux :
    Leur paupière long-temps fermée
    Se rouvre à la clarté des cieux.
Regarde, elle s'anime ; écoute, sous ses chaînes
    Son corps frémit et s'est dressé.
Ce pur sang, que le fer a tant de fois versé,
Pour se répandre encor bouillonne dans ses veines ;
    Son front qui reprend sa fierté,
Pâle d'un long trépas, menace et se relève ;
    Son bras s'alonge et cherche un glaive ;
Elle vit, elle parle, elle a dit : Liberté !

Morte, tu l'admirais; vivante, qu'elle est belle !
Tu ne peux résister à son cri qui t'appelle.
Tu cours, tu la revois, mais c'est en expirant.
Oh! qui pourrait des Grecs retracer les alarmes,
Les vœux, les chants de deuil mêlés au bruit des armes?
Autour de la croix sainte, aux pieds des monts errant,
Le peuple confondait, dans l'ardeur de son zèle,
Son antique croyance avec sa foi nouvelle,
Invoquait tous ses dieux, et criait en pleurant :

« Vent qui donnes la vie à des fleurs immortelles,
« Toi, par qui le laurier vieillit sans se flétrir;
« Vent qui souffles du Pinde, accours, étends tes ailes;
  « Ton plus beau laurier va mourir !

« Flots purs, où s'abreuvait la poésie antique,
« Childe-Harold sur vos bords revient pour succomber;
« Versez votre rosée à ce front héroïque
  « Que la mort seule a pu courber.

« Dieux rivaux, de nos pleurs séchez la source amère :
« Dieu vainqueur de Satan, dieu vainqueur de Python,

LORD BYRON.

« Renouvelez pour lui les jours nombreux d'Homère
« Et la vieillesse de Milton ! »

N'invoquez pas les vents, insensés que vous êtes !
Leur souffle aime à flétrir la palme des poètes,
  Tandis qu'il mûrit les poisons !
N'invoquez pas les flots des fontaines sacrées ;
Ils brûlent tôt ou tard les lèvres inspirées
  Pour qui semblaient couler leurs dons !
N'invoquez pas les dieux ; ils dorment ; la mort veille.
Pour peu qu'un bruit de gloire ait dénoncé vos jours
  A son impitoyable oreille,
  La mort entend ; les dieux sont sourds !

Il n'est plus ! il n'est plus ! Toi, qui fus sa patrie,
Pleure, ingrate Albion : l'exil paya ses chants.
Berceau de ses aïeux*, pleure, antique Neustrie ;
  Corneille et lui sont tes enfans.

---

* La famille de lord Byron est originaire de Normandie : ses aïeux suivirent en Angleterre Guillaume-le-Conquérant.

Et toi que son trépas livre sans espérance
Aux chaînes des tyrans qu'auraient punis ses vers,
Pleure, esclave; son luth consolait ta souffrance;
    Son glaive aurait brisé tes fers !

Les Grecs le vengeront, ils l'ont juré : la gloire
    Prépare les funèbres jeux
    Qu'ils vont offrir à sa mémoire.
Qu'ils marchent, que son cœur repose au milieu d'eux,
    Enseveli par la victoire.
Alors avec le fer du croissant abattu
    Ils graveront sur son dernier asile :
    « O sort ! que ne l'épargnais-tu !
« Il chantait comme Homère, il fût mort comme Achille.»

Ah! quels que soient les lieux par sa tombe illustrés,
Temple de la vertu, des arts, de la vaillance,
Dont Londre est fière encore et qu'a perdu la France,
Son ombre doit s'asseoir sous tes parvis sacrés.
Westminster, ouvre-toi ! Levez-vous devant elle,
    De vos linceuls dépouillez les lambeaux,
Royales majestés ! et vous, race immortelle,
Majestés du talent, qui peuplez ces tombeaux !

Le voilà sur le seuil, il s'avance, il se nomme.....
Pressez-vous, faites place à ce digne héritier!
Milton, place au poète! Howe, place au guerrier!
Pressez-vous, rois, place au grand homme!

ÉPILOGUE.

A vous, puissans du monde, à vous, rois de la terre,
Qui tenez dans vos mains et la paix et la guerre,
A vous de décider si, lassés de souffrir,
Les Grecs ont pris le fer pour vaincre ou pour mourir :
Si du Tage au Volga, de la Tamise au Tibre,
L'Europe désormais doit être esclave ou libre.
Libre, elle bénira votre auguste équité ;
Non qu'elle offre ses vœux à cette liberté
Qui des plus saintes lois s'affranchit par le glaive,
Marche sans but, sans frein, sur des débris s'élève,
Triomphe dans le trouble, et, vantant ses bienfaits,
Pour un abus détruit enfante cent forfaits.
La sage liberté qu'elle attend, qu'elle implore,
Qui préside à mes chants, que tout grand peuple adore,
Par le bonheur public affermit les états ;
Créant des citoyens, elle fait des soldats,
Enchaîne la licence, abat la tyrannie,
Des pouvoirs balancés entretient l'harmonie,

Réunit les sujets sous le sceptre des rois,
Rapproche tous les rangs, garantit tous les droits,
Et, favorable à tous, de son ombre éternelle
Couvre jusqu'aux ingrats qui conspirent contre elle!
Ainsi le chêne épais reçoit sous ses rameaux,
Défend des feux du jour ces immondes troupeaux
Qui, cherchant à ses pieds leur sauvage pâture,
Des gazons soulevés flétrissent la verdure,
Insultent vainement dans ses profonds appuis
Ce tronc qui leur prodigue et son ombre et ses fruits,
Et les écraserait de ses vastes ruines,
S'ils pouvaient de la terre arracher ses racines.

NOUVELLES
MESSÉNIENNES.

PREMIÈRE MESSÉNIENNE.

LE DEPART

A bord de la Madone

Que la brise des mers te porte mes adieux,
O France, je te quitte; adieu, France chérie!
Adieu, doux ciel natal, terre où j'ouvris les yeux!
    Adieu, patrie! adieu, patrie!

Il tombe ce mistral, dont le souffle glacé
M'enchaînait dans le port de l'antique Marseille;
Mon brick napolitain, qui sommeillait la veille
Sur cette onde captive où les vents l'ont bercé,
    Aux cris qui frappent mon oreille
Sous ses agrès tremblans s'émeut, frémit, s'éveille,
    Et loin du port s'est élancé.

O toi, des Phocéens brillante colonie,
Adieu, Marseille, adieu! Je vois blanchir tes forts.
Puisses-tu féconder, par de constans efforts,
Les germes de vertu, de valeur, de génie,
Dont les Grecs, tes aïeux, vinrent semer tes bords !
Que la mer te soit douce, et que le ciel prospère
Regarde avec amour tes opulens remparts !
O fille de la Grèce, encore adieu ! je pars ;
    Sois plus heureuse que ta mère!

Je les brave tes flots, je ris de leur courroux ;
J'aime à sentir dans l'air leur mordante amertume ;
Ils viennent, et de loin soulevant leur écume,
A la proue élancés, ils bondissent vers nous.
Mais, tels que des lions dont la fureur avide
Sous une main connue expire en rugissant,
Je les vois caresser le voile blanchissant
    De la Madone qui nous guide,
Lorsque son bras doré, sur leur dos s'abaissant,
    Joue avec leur crinière humide.

Courage, mon vaisseau! double ce cap lointain ;
Penche-toi sur les mers ; que le beaupré s'incline

LE DÉPART.

Sous le foc déployé qui s'enfle et le domine.
Mais ce cap, c'est la France; elle aura fui demain...
Je l'entends demander, d'une voix douce et fière,
Sur quels bords, dans quels champs en lauriers plus féconds,
Ma muse va chercher des débris et des noms,
Et des siècles passés évoquer la poussière.
Elle étale au midi ses monumens romains,
  Les colonnades de ses bains,
De ses cirques déserts la ruine éloquente,
Ce temple sans rival, dont la main d'Apollon,
Sur des appuis de marbre et des feuilles d'acanthe,
  Suspendit l'élégant fronton;
Ses palais, ses tombeaux, ses théâtres antiques,
Et les deux monts unis où gronde le Gardon
  Sous un triple rang de portiques.

Elle me montre au nord ses murs irréguliers,
Et leurs clochers pieux sortant d'un noir feuillage
Où j'entendis gémir, durant les nuits d'orage,
  Et la muse des chevaliers,
  Et les spectres du moyen âge;
Ses vieux donjons normands, bâtis par nos aïeux,
Et les créneaux brisés du château solitaire,
Qui raconte leur gloire, en parlant à nos yeux

De ce bâtard victorieux
Dont le bras conquit l'Angleterre.

Je la vois, cette France, agiter les rameaux
Du chêne prophétique adoré des druides ;
Elle couronne encor leurs ombres intrépides
    De la verveine des tombeaux,
Et chante les exploits prédits par leurs oracles,
Que, sous les trois couleurs, sous l'aigle ou sous les lis,
    Vingt siècles rivaux de miracles
    Par la victoire ont accomplis.

Puis, voilant sous des pleurs l'éclat dont son œil brille,
    Elle m'invite avec douceur
A reprendre ma place au foyer de famille,
Et murmure les noms d'un père et d'une sœur...
Arrête, mon vaisseau, tu m'emportes trop vite.
Pour mes derniers regards que la France a d'attraits !
Quel parfum de patrie apporte ce vent frais !
Que la patrie est belle au moment qu'on la quitte !

Famille, et vous, amis, recevez mes adieux !

LE DÉPART.

Et toi, France, pardonne ! Adieu, France chérie,
Adieu, doux ciel natal, terre où j'ouvris les yeux !
    Adieu, patrie ! adieu, patrie !

Deux fois dans les flots purs, où tremblait sa clarté,
J'ai vu briller du ciel l'éblouissante image,
Et dans l'ombre, deux fois, la proue à son passage
Creuser en l'enflammant un sillon argenté.
Quels sont ces monts hardis, ces roches inconnues?
Leur pied se perd sous l'onde et leur front dans les nues.
C'est la Corse ! O destin ! Faible enfant sur ce bord,
Sujet à sa naissance et captif à sa mort,
Il part du sein des mers où plus tard il retombe,
Celui dont la grandeur eut, par un jeu du sort,
Une île pour berceau, pour asile et pour tombe.

Tel du vaste Océan chaque jour nous voyons
Le globe du soleil s'élever sans rayons ;
    Il monte, il brille, il monte encore ;
Sur le trône vacant de l'empire des cieux,
Il s'élance, et, monarque, il découvre à nos yeux
Sa couronne de feu dont l'éclat nous dévore ;
    Puis il descend, se décolore,

Et dans l'Océan, étonné
De le voir au déclin ce qu'il fut à l'aurore,
Rentre pâle et découronné.

Où va-t-il cet enfant qui s'ignore lui-même?
La main des vieux nochers passe sur ses cheveux
Qui porteront un diadème.
Ils lui montrent la France en riant de ses jeux...
Ses jeux seront un jour la conquête et la guerre;
Les bras de cet enfant ébranleront la terre.
O toi, rivage hospitalier,
Qui le reçois sans le connaître,
Et le rejetteras sans pouvoir l'oublier,
France, France, voilà ton maître!
Louis, voilà ton héritier.

Où va-t-il ce vainqueur que l'Italie admire?
Il va du bruit de ses exploits
Réveiller les échos de Thèbe et de Palmire.
Il revient; tout tremble à sa voix;
Républicains trompés, courbez-vous sous l'empire!
Le midi de sa gloire alors le couronna
Des rayons d'Austerlitz, de Wagram, d'Iéna.
Esclaves et tyrans, sa gloire était la nôtre,

LE DEPART.

Et d'un de ses deux bras, qui nous donna des fers,
Appuyé sur la France, il enchaînait de l'autre
　　Ce qui restait de l'univers.

Non, rien n'ébranlera cette vaste puissance...
L'île d'Elbe à mes yeux se montre et me répond.
C'est là qu'il languissait, l'œil tourné vers la France.
Mais un brick fend ces mers : « Courbez-vous sur le pont !
　　« A genoux ! le jour vient d'éclore ;
« Couchez-vous sur cette arme inutile aujourd'hui !
　　« Cachez ce lambeau tricolore... »
C'est sa voix : il aborde, et la France est à lui.

Il la joue, il la perd; l'Europe est satisfaite,
Et l'aigle, qui, tombant aux pieds du léopard,
Change en grand capitaine un héros de hasard,
Illustre aussi vingt rois, dont la gloire muette
N'eût jamais retenti chez la postérité;
　　Et d'une part dans sa défaite,
Il fait à chacun d'eux une immortalité.

Il n'a régné qu'un jour; mais à travers l'orage
Il versait tant d'éclat sur son peuple séduit,

Que le jour qui suivit son rapide passage
Terne et décoloré, ressemblait à la nuit.

La Liberté parut : son flambeau tutélaire,
Brûlant d'un feu nouveau, nous guide et nous éclaire.
Depuis l'heure où, donnant un maître à des héros,
Rome enfanta César, la nature épuisée
Pour créer son pareil s'est long-temps reposée.
La voilà derechef condamnée au repos.
Respirons sous les lois, et, mieux instruits que Rome,
Profitons, pour fonder leur pouvoir souverain,
Des siècles de répit promis au genre humain
  Par l'enfantement d'un seul homme.

Défends ta liberté, ce sont là mes adieux!
France, préfère à tout ta liberté chérie;
Adieu, doux ciel natal, terre où j'ouvris les yeux!
  Adieu, patrie! adieu, patrie!

DEUXIÈME MESSÉNIENNE.

TROIS JOURS
DE CRISTOPHE COLOMB.

AUX AMÉRICAINS.

En quarantaine.

« En Europe! en Europe! - Espérez! - Plus d'espoir!
«-Trois jours, leur dit Colomb, et je vous donne un monde.»
Et son doigt le montrait, et son œil, pour le voir,
Perçait de l'horizon l'immensité profonde ;
Il marche, et des trois jours le premier jour a lui;
Il marche, et l'horizon recule devant lui;
Il marche, et le jour baisse. Avec l'azur de l'onde
L'azur d'un ciel sans borne à ses yeux se confond.
Il marche, il marche encore, et toujours ; et la sonde
Plonge et replonge en vain dans une mer sans fond.

Le pilote en silence, appuyé tristement
Sur la barre qui crie au milieu des ténèbres,
Ecoute du roulis le sourd mugissement,
Et des mâts fatigués les craquemens funèbres.
Les astres de l'Europe ont disparu des cieux;
L'ardente croix du Sud épouvante ses yeux.
Enfin l'aube attendue, et trop lente à paraître,
Blanchit le pavillon de sa douce clarté :
« Colomb, voici le jour ! le jour vient de renaître !
« – Le jour ! et que vois-tu ? – Je vois l'immensité. »

Qu'importe ! il est tranquille... Ah ! l'avez-vous pensé ?
Une main sur son cœur, si sa gloire vous tente,
Comptez les battemens de ce cœur oppressé,
Qui s'élève et retombe, et languit dans l'attente,
Ce cœur, qui tour à tour brûlant ou sans chaleur,
Se gonfle de plaisir, se brise de douleur ;
Vous comprendrez alors que, durant ces journées,
Il vivait, pour souffrir, des siècles par momens.
Vous direz : ces trois jours dévorent des années,
Et sa gloire est trop chère au prix de ses tourmens !

Oh ! qui peindra jamais cet ennui dévorant,

Ces extases d'espoir, ces fureurs solitaires,
D'un grand homme ignoré qui lui seul se comprend,
Fou sublime, insulté par des sages vulgaires?
Tu le fus, Galilée! Ah! meurs... Infortuné,
A quel horrible effort n'es-tu pas condamné,
Quand, pâle et d'une voix que la douleur altère,
Tu démens tes travaux, ta raison et tes sens,
Le soleil qui t'écoute, et la terre, la terre,
Que tu sens se mouvoir sous tes pieds frémissans.

Le second jour a fui. Que fait Colomb? il dort;
La fatigue l'accable, et dans l'ombre on conspire.
« Périra-t-il? aux voix : - la mort! - la mort! - la mort!
« Qu'il triomphe demain, ou, parjure, il expire. »
Les ingrats! quoi! demain il aura pour tombeau
Les mers où son audace ouvre un chemin nouveau,
Et peut-être demain leurs flots impitoyables,
Le poussant vers ces bords que cherchait son regard,
Les lui feront toucher, en roulant sur les sables
L'aventurier Colomb, grand homme un jour plus tard!

Il rêve : comme un voile étendu sur les mers,
L'horizon qui les borne à ses yeux se déchire,

Et ce monde nouveau qui manque à l'univers,
De ses regards ardens il l'embrasse, il l'admire.
Qu'il est beau, qu'il est frais ce monde vierge encor !
L'or brille sur ses fruits, ses eaux roulent de l'or ;
Déjà, plein d'une ivresse inconnue et profonde,
Tu t'écriais, Colomb : « Cette terre est mon bien !... »
Mais une voix s'élève, elle a nommé ce monde,
O douleur ! et d'un nom qui n'était pas le tien !...

Regarde : les vois-tu, la foudre dans les mains,
Vois-tu ces Espagnols altérés de carnage
Effacer, en courant, du nombre des humains
Le peuple désarmé qui couvre ce rivage?
Vois les palais en feu, les temples s'écroulant,
Le cacique étendu sur ce brasier brûlant ;
Vois le saint crucifix, dont un prêtre inflexible
Menace les vaincus au sortir du combat,
S'élever dans ses mains plus sanglant, plus terrible,
Que le glaive espagnol dans les mains du soldat.

La terre s'est émue ; elle s'ouvre : descends
Des peuples engloutis dans ses gouffres respirent,
Captifs privés du jour, dont les bras languissans

Tombent lassés sur l'or des rochers qu'ils déchirent ;
Cadavres animés, poussant des cris confus
Vers ce divin soleil qu'ils ne reverront plus,
S'agitant, se heurtant dans ces vapeurs impures,
Pour fuir par le travail le fouet qui les poursuit,
Et qu'une longue mort traîne dans les tortures
De cette nuit d'horreur à l'éternelle nuit.

Cet or, fruit douloureux de leur captivité,
Par le crime obtenu pour enfanter le crime,
Va servir d'un tyran la sombre cruauté,
Et peser sur le joug des sujets qu'il opprime.
Pour corrompre un ministre, enrichir un flatteur,
Payer l'injuste arrêt d'un noir inquisiteur,
Par cent chemins honteux, du trésor d'un seul homme
Il s'échappe, et, passant de bourreaux en bourreaux,
Va s'engloutir enfin dans le trésor de Rome,
Qui leur vend ses pardons au bord de leurs tombeaux.

De l'or ! tout pour de l'or ! les peuples débordés,
Dont ce monde éveilla l'avarice endormie,
Répandent dans ses champs, de leur foule inondés,
L'écume des humains que l'Europe a vomie.

Toi seul l'as dévasté ce continent désert
Que tu semblais créer quand tu l'as découvert;
Et des monceaux de cendre entassés sur la rive,
Des gouffres souterrains où l'on meurt lentement,
Des ossemens blanchis, sort une voix plaintive
Qui pousse vers toi seul un long gémissement.

Par son rêve oppressé, Colomb, les bras tendus,
De sa couche brûlante écartait cette image.
Elle décroît, s'efface, et ses traits confondus
Se dissipent dans l'air comme un léger nuage.
Tout change : il voit au Nord un empire naissant
Sortir de ces débris fécondés par le sang;
Ses enfans opprimés s'arment, au cri de guerre,
Du soc dont le tranchant sillonna leurs guérets,
Et du fer créateur qui dans leurs mains naguère
Transformait en cités de sauvages forêts.

Ils ont crié victoire; ils montrent Washington,
Et Colomb reconnaît le héros véritable.
O vieux Cincinnatus, inflexible Caton,
Votre antique vertu n'est donc pas une fable?
Il a fait concevoir à nos cœurs corrompus

Cette étrange grandeur qu'ils ne comprenaient plus.
Un sage auprès de lui dans le conseil prend place,
Et, non moins révéré sous des traits différens,
Il gouverne, il découvre, et par sa double audace
Ravit la foudre aux cieux et le sceptre aux tyrans.

Mais pourquoi ce concours, ces transports, ces clameurs ?
Quel monarque ou quel Dieu sur ce bord va descendre ?
Un guerrier citoyen foule, en versant des pleurs,
Le sol républicain que jeune il vint défendre.
De respect et d'amour il marche environné.
Aux genoux d'un seul homme un peuple est prosterné,
Mais l'hôte bienaimé, debout sur ce rivage,
Pour la liberté sainte a toujours combattu,
Et le peuple incliné, dont il reçoit l'hommage,
Ne s'est jamais courbé que devant la vertu.

Oh! combien cet empire a pris un noble essor
Depuis les jeux sanglans de sa virile enfance !
Quel avenir l'attend et se révèle encor
Dans la maturité de son adolescence !
Ne cherchant de lauriers que ceux qu'il doit cueillir,
Incorruptible et juste, il grandit sans vieillir,

Se joue avec les mers qu'il couvre de ses voiles,
Et montre, en souriant, aux léopards bannis,
Son pavillon d'azur, où deux fois douze étoiles
Sont l'emblème flottant de ses peuples unis.

L'héroïque leçon qu'il offre aux opprimés
Sous les feux du midi produit l'indépendance :
D'autres républicans, contre l'Espagne armés,
En nommant Bolivar chantent leur délivrance.
Tel un jeune palmier, pour féconder ses sœurs,
Fleurit et livre aux vents ses parfums voyageurs :
Tel ce naissant empire, et l'exemple qu'il donne,
Répand autour de lui comme un parfum sacré,
Qui vers les bords voisins s'exhale et les couronne
Des immortelles fleurs dont lui-même est paré.

« O Liberté, dit-il, sors de ce doux sommeil
« Qu'à l'ombre de mes lois tu goûtes sur ces rives,
« Et que pour s'affranchir l'Europe à ton réveil
« Secoue, en m'appelant, ses mains long-temps captives;
« D'un regard de tes yeux réchauffe ces cœurs froids,
« Engourdis sous un joug dont ils aiment le poids;
« De tout pouvoir injuste éternelle ennemie,

« Va donc, fille du ciel, va par-delà les mers,
« Va, toi qu'ils croyaient morte, et qui n'es qu'endormie,
« Briser les fers rouillés de leur vieil univers ! »

Colomb se ranimait à cette noble voix.
Terre ! s'écria-t-on, terre ! terre !... il s'éveille ;
Il court : oui, la voilà, c'est elle, tu la vois.
La terre !... ô doux spectacle ! ô transports ! ô merveille !
O généreux sanglots qu'il ne peut retenir !
Que dira Ferdinand, l'Europe, l'avenir ?
Il la donne à son roi, cette terre féconde ;
Son roi va le payer des maux qu'il a soufferts :
Des trésors, des honneurs en échange d'un monde,
Un trône, ah ! c'était peu !... Que reçut-il ? des fers...

TROISIÈME MESSÉNIENNE.

LE VAISSEAU*.

Naples.

Par les flots balancée, une barque légère,
Hier, m'avait porté sur ce vaste vaisseau,
Qui fatiguait le golfe et sa vaine colère
    D'un inébranlable fardeau.
Ses longs mâts dans les cieux montaient en pyramides;
Comme un serpent ailé, leur flamme, au sein des airs,
    Déroulait ses anneaux rapides,
  Et j'admirais ce noir géant des mers,

---

* Ce vaisseau devait porter à Constantinople M. Stratford-Canning, ambassadeur d'Angleterre, et le bruit courait alors que la mission de ce diplomate avait pour but l'affranchissement de la Grèce.

Armé d'un triple rang de bronzes homicides,
Qui sortaient à demi de ses flancs entr'ouverts.

Ces mots : Demain ! demain ! ce doux nom de la Grèce,
Vole de bouche en bouche : on s'agite, on s'empresse ;
L'un, penché sous les ponts, aux câbles des sabords
    Enchaîne les foudres roulantes ;
L'autre court, suspendu sur les vergues tremblantes ;
Où la voile, en criant, cède à ses longs efforts.
Leur chef le commandait, et son regard tranquille
De la poupe à la proue errait de tous côtés,
Avant d'abandonner cette masse immobile
    Au souffle des vents irrités.

Ainsi, prêt à quitter les sphères immortelles,
Pour ravir une proie au vautour furieux,
L'aigle, tranquille et fier, se mesure des yeux,
Essaie, en les ouvrant, si ses ongles fidèles
    A sa colère obéiront encor,
Et, pour battre les airs, étend deux fois ses ailes,
    Avant de prendre son essor.

Témoin de ces apprêts, debout sous la misaine

LE VAISSEAU.

Il part, disais-je, il part; mais doit-il affranchir
Les généreux enfans de Sparte et de Messène?
Doit-il sous un pacha les contraindre à fléchir?
    Pour qui grondera son tonnerre?
    A ce peuple persécuté
Porte-t-il dans ses flancs ou la paix ou la guerre,
    L'esclavage ou la liberté?

La liberté, sans doute!... et la Grèce est mourante;
Son sang coule et s'épuise. Ah! qu'il parte, il est temps
De sauver, d'arracher au sabre des sultans
    La victime encor palpitante.
Quand je la vois toucher à ses derniers instans,
Il fatigue mon cœur d'une trop longue attente.

Comme toi menaçant, et comme toi muet,
Vésuve, que fait-il sous ton double sommet,
Qui, trompant mon espoir par la vapeur légère
Que ta bouche béante exhale vers les cieux,
Fume éternellement sans éblouir mes yeux
    Du spectacle de ta colère!

Dors, volcan imposteur, par les ans refroidi;

Dors, et sois pour l'enfance un objet de risée,
    Vieillard, sous la cendre engourdi ;
Je suis las d'insulter à ta lave épuisée ;
Mais qu'il tonne du moins, ce Vésuve flottant,
Moins avare que toi des flammes qu'il recèle !
Que son courroux tardif soit juste en éclatant
Sur les mers du Bosphore où Canaris l'appelle !

Quand il fendra leurs flots, si souvent éclairés
  Par des esquifs brûlans qui vengeaient la patrie,
  S'il faut une étincelle à sa flamme assoupie,
Qu'elle s'allume aux feux de ces brandons sacrés
    Que la Grèce avait préparés
  Pour les flottes d'Alexandrie !

  Mais non ; son seul aspect sous les murs ottomans
    Fera triompher la croix sainte ;
Il verra du sérail trembler les fondemens ;
Les flots de Marmara se troubleront de crainte,
Et, sans contraindre Athène à payer un succès
Qui l'arrache expirante au joug de l'infidèle,
Si l'Anglais la délivre, au moins quelques Français
    Auront versé leur sang pour elle.

LE VAISSEAU.

Toi, qu'ils ont devancé dans ton noble dessein,
Vaisseau libérateur, reçois-moi sur ton sein;
Pars, va me déposer sous ces blanches colonnes
Où Socrate inspirait les discours de Platon.
Mes yeux verront flotter les premières couronnes
Que les Grecs vont suspendre aux murs du Parthénon.
Laisse-moi, sous des fleurs et sous de verts feuillages,
Consacrés par mes mains à ses dieux exilés,
  Laisse-moi cacher les outrages
De ses marbres vainqueurs de la guerre et des âges
  Que votre Élgin a mutilés.

Je les verrai ces morts qui vivent dans l'histoire,
  Pour saluer des jours si beaux,
Renaître et soulever les trois mille ans de gloire
  Dont le temps chargea leurs tombeaux;
Et moi, chantant comme eux ces jours de délivrance,
J'irai mêler la voix, l'hymne à peine écouté,
  D'un obscur enfant de la France,
  A leurs cris de reconnaissance,
  A leurs hymnes de liberté.

Va donc, n'hésite plus, n'attends pas les étoiles;

Des flambeaux de la nuit les feux seront pour toi.
N'entends-tu pas le vent qui frémit dans tes voiles?
Il t'invite à partir : pars, vole, emporte-moi!
Notus, je me confie à ton humide haleine,
A toi, brûlant Siroc; à toi, noir Aquilon;
Mugis, qui que tu sois qui souffles vers Athène :
Tout me sera zéphyr, quelque vent qui m'entraîne
Du tombeau de Virgile au tombeau de Byron!

Vain songe!... Il dédaigna ma prière inutile.
Hélas! pour un Français il n'avait point d'asile!
Au lever du soleil, mes yeux l'ont découvert
Entre le doux Sorrente, où la grappe dorée
  Se marie au citronnier vert,
Et les rochers aigus de la pâle Caprée.

Sans doute il entendit, sur ce pic menaçant,
Le stupide héritier des demi-dieux du Tibre,
Tibère, s'éveillant au nom d'un peuple libre,
Des Grecs ressuscités lui demander le sang.

Sur la rive opposée, il ne put méconnaître

LE VAISSEAU.

Ce chantre harmonieux que Sorrente a vu naître :
Le Tasse errait encor dans l'asile enchanté
Où l'amour d'une sœur recueillit sa misère.
  Du sein de l'immortalité,
Poète, il fit des vœux pour les enfans d'Homère !...
Le vaisseau cependant voguait sur l'onde amère.
  Qui des deux a-t-il écouté ?...

QUATRIÈME MESSÉNIENNE.

LA SIBYLLE.

Pouzzole.

Marchons, le ciel s'abaisse, et le jour pâlissant
N'est plus à son midi qu'un faible crépuscule;
Le flot qui vient blanchir les restes du port Jule
Grossit, et sur la cendre expire en gémissant.
Cet orage éloigné que l'Eurus nous ramène
Couvre de ses flancs noirs les pointes de Misène;
Avançons, et, foulant d'un pied religieux
Ces rivages sacrés que célébra Virgile,
Et d'où Néron chassa la majesté des dieux,
Allons sur l'avenir consulter la sibylle.

« Ces débris ont pour moi d'invincibles appas, »

Me répond un ami, qu'aux doux travaux d'Apelle,
A Rome, au Vatican son art en vain rappelle;
« Ils parlent à mes yeux, ils enchaînent mes pas.
« Ces lentisques flétris dont la feuille frissonne;
« Ces pampres voltigeans et rougis par l'automne;
« Tristes comme les fleurs qui couronnaient les morts,
« Ces frêles cyclamen, fanés à leur naissance,
« Plaisent à ma tristesse, en mêlant sur ces bords
« Le deuil de la nature au deuil de la puissance.

« Où sont ces dais de pourpre élevés pour les jeux,
« Ces troupeaux d'affranchis, ces courtisans avides?
« Où sont les chars d'airain, les trirèmes rapides,
« Qui du soleil levant réfléchissaient les feux?
« C'est là que des clairons la bruyante harmonie
« A d'Auguste expirant ranimé l'agonie;
« Vain remède! et le sang se glaçait dans son cœur,
« Tandis que sur ces mers les jeux de Rome esclave,
« Retraçant Actium à ce pâle vainqueur,
« Faisaient sourire Auguste au triomphe d'Octave!

« Ces monumens pompeux, tous ces palais romains,
« Où triomphaient l'orgueil, l'inceste et l'adultère,

« De la vaine grandeur dont ils lassaient la terre,
« N'ont gardé que des noms en horreur aux humains.
« Les voilà ces arceaux désunis et sans gloire,
« Qui de Caligula rappellent la mémoire !
« Vingt siècles les ont vus briser le fol orgueil
« Des mers qui les couvraient d'écume et d'étincelles ;
« Leur chaîne s'est rompue et n'est plus qu'un écueil
« Où viennent des pêcheurs se heurter les nacelles.

« Ces temples du plaisir par la mort habités,
« Ces portiques, ces bains prolongés sous les ondes,
« Ont vu Néron, caché dans leurs grottes profondes,
« Condamner Agrippine au sein des voluptés.
« Au bruit des flots, roulant sur cette voûte humide,
« Il veillait, agité d'un espoir parricide ;
« Il jetait à Narcisse un regard satisfait ;
« Quand, muet d'épouvante et tremblant de colère,
« Il apprit que ces flots, instrumens du forfait,
« Se soulevant d'horreur, lui rejetaient sa mère

« Tout est mort ; c'est la mort qu'ici vous respirez ;
« Quand Rome s'endormit de débauche abattue,
« Elle laissa dans l'air ce poison qui vous tue ;

« Il infecte les lieux qu'elle a déshonorés.
« Telle, après les banquets de ces maîtres du monde,
« S'élevait autour d'eux une vapeur immonde
« Qui pesait sur leurs sens, ternissait les couleurs
« Des fastueux tissus où retombaient leurs têtes,
« Et fanait à leurs pieds, sur les marbres en pleurs.
« Les roses dont Pestum avait jonché ces fêtes.

« Virgile pressentait que dans ces champs deserts
« La mort viendrait s'asseoir au milieu des décombres.
« Alors qu'il les choisit pour y placer les ombres,
« Le Styx aux noirs replis, l'Averne et les Enfers.
« Contemplez ce pêcheur, voyez, voyez vos guides.
« Interrogez les traits de ces pâtres livides :
« Ne croyez-vous pas voir des spectres sans tombeaux.
« Qui, laissés par Caron sur le fatal rivage,
« Tendant vers vous la main, écartent leurs lambeaux
« Pour mendier le prix de leur dernier passage?... »

Il disait, et déjà j'écartais les rameaux
Qui cachaient à nos yeux l'antre de la Sibylle.
Au fond de ce cratère, où l'Averne immobile
Couvre un volcan éteint de ses dormantes eaux.

LA SIBYLLE.

L'Enfer, devant nos pas, ouvrait la bouche antique
D'où sortit pour Énée une voix prophétique:
Un flambeau nous guidait, et ses feux incertains
Dessinaient sur les murs des larves, des fantômes.
Qui, sans forme et sans vie, et fuyant sous nos mains,
Semblaient le peuple vain de ces sombres royaumes.

« Prêtresse des dieux, lève-toi!
« Viens, m'écriai-je alors, furieuse, écumante,
« Le front pâle, et les yeux troublés d'un saint effroi.
    « Pleine du dieu qui te tourmente.
    « Viens, viens, Sibylle, et réponds-moi!

    « Vers les demeures infernales,
« Dis-moi pourquoi la mort pousse comme un troupeau
    « Cette foule d'ombres royales,
« Que nous voyons passer de la pourpre au tombeau!
« Est-ce pour insulter à l'alliance vaine
    « Que Waterloo scella de notre sang?
« Veut-elle, à chaque roi qu'elle heurte en passant,
« Briser un des anneaux de cette vaste chaîne?

— Le dernier de ces rois, que le souffle du Nord

« A du trône des Czars apporté sur ce bord,
    « Pliait sous le nom d'Alexandre ;
« Allons-nous voir les chefs de son armée en deuil
« Donner des jeux sanglans autour de son cercueil,
« Pour un sceptre flottant qu'il ne peut plus défendre?

« Verrons-nous couronner l'héritier de son choix,
« Et ce maître nouveau d'un empire sans lois
« Doit-il, usant ses jours dans de saintes pratiques,
    « Assister de loin comme lui
    « Aux funérailles héroïques
« D'Athènes qui l'implore et qui meurt sans appui?

« N'offrira-t-elle un jour que des débris célèbres?
« La verrons-nous tomber après ses longs efforts,
« Vide comme Pompéi, qui du sein des ténèbres,
« En secouant sa cendre, étale sur vos bords
« Ses murs où manque un peuple, et ses palais funèbres
    « Où manquent les restes des morts?

« Réponds-moi, réponds-moi ! furieuse, écumante,
« Le front pâle, et les yeux troublés d'un saint effroi,

LA SIBYLLE.

« Pleine du dieu qui te tourmente,
« Viens, viens, Sibylle, et réponds-moi!

« La verrons-nous, cette belle Ausonie,
« Jeter quelques rayons de son premier éclat?
« Ou ce flambeau mourant des arts et du génie
« Doit-il toujours passer avec ignominie
« De la France aux Germains, du pontife au soldat,
« Semblable aux feux mouvans, aux clartés infidèles
« Qui, changeant de vainqueurs, volent de mains en mains,
« Vain jouet des combats que livrent les Romains
  « Dans leurs saturnales nouvelles?

« L'Espagne, qui préfère au plus beau de ses droits
« La sainte obscurité dont la nuit l'environne,
« Marâtre de ses fils, infidèle à ses lois,
  « A l'esclavage s'abandonne,
« Et s'endort sous sa chaîne en priant pour ses rois.
« Reprendra-t-elle un jour son énergie antique?
« Libre, doit-elle enfin, d'un bras victorieux,
« Combattre et déchirer le bandeau fanatique
« Qu'une longue ignorance épaissit sur ses yeux?

« Un arbre sur la France étendait son ombrage :
« Nous l'entourons encor de nos bras impuissans ;
« Le fer du despotisme a touché son feuillage
« Dont les rameaux s'ouvraient chargés de fruits naissans.

« Si par sa chute un jour le tronc qui les supporte
« Doit de l'Europe entière ébranler les échos,
 « Le fer, sous son écorce morte,
« De sa sève de feu tarira-t-il les flots,
 « Ou de sa dépouille flétrie
 « Quelque rameau ressuscité
« Reprendra-t-il racine au sein de la patrie,
 « Au souffle de la liberté ?

« Réponds-moi, réponds-moi ! furieuse, écumante,
« Le front pâle, et les yeux troublés d'un saint effroi,
 « Pleine du dieu qui te tourmente,
 « Viens, viens, Sibylle, et réponds-moi !... »

J'écoutais : folle attente ! espérance inutile !

LA SIBYLLE.

L'oracle d'Apollon ne répond qu'à Virgile ;
Et ces noms méconnus qu'en vain je répétai,
Ces noms jadis si beaux : Patrie et Liberté,
N'ont pas même aujourd'hui d'écho chez la Sibylle.

CINQUIÈME MESSÉNIENNE.

LES FUNÉRAILLES
DU GÉNÉRAL FOY.

À LA FRANCE.

Rome, *villa Paolina*

Non, tu ne connais pas encor
Ce sentiment d'ivresse et de mélancolie
Qu'inspire d'un beau jour la splendeur affaiblie,
    Toi qui n'as pas vu les flots d'or,
Où nage à son couchant un soleil d'Italie,
Inonder du Forum l'enceinte ensevelie
Et le temple détruit de Jupiter Stator !

Non, tu ne connais pas l'irrésistible empire

Des beautés qu'il déploie au moment qu'il expire,
Si tes yeux n'ont pas vu son déclin vif et pur,
Qui s'éteint par degrés sur Albane et Tibur,
Verser les derniers feux d'une ardeur épuisée
  A travers le brillant azur
  Des portiques du Colysée !

Sur le mont Janicule et ses pins toujours verts,
Tu meurs, mais dans ta gloire; on t'admire, on te chante;
Tu meurs, divin soleil, au milieu des concerts
  De cette Rome plus touchante
Qui pleure ta clarté ravie à ses déserts.
  Du trône tu descends comme elle ;
Jadis ses monumens t'égalaient en splendeur :
D'une reine déchue amant toujours fidèle,
  Que ta lumière est triste et belle
  Sur les débris de sa grandeur !
Tes rayons amortis, que le regard supporte,
  Pâlissent en les éclairant,
  Soleil, et ton éclat mouvant
  S'unit mieux à leur beauté morte.

Ainsi l'on voit s'éteindre, environné d'hommages,

Le talent inspiré qui, pur et sans nuages,
   N'a brillé que par la vertu.
Ainsi nous l'admirons, ainsi nos larmes coulent,
Au milieu des débris de nos lois qui s'écroulent
   Comme un monument abattu ;
Et l'éclat plus sacré de ce flambeau qui tombe
Répand les derniers feux dont il est embrasé
Sur le temple détruit et sur l'autel brisé
   De la Liberté qui succombe.

   Dans sa splendeur enseveli,
Glorieux et pleuré par la reconnaissance,
Ainsi mourut celui qui vengea notre France.
   Ces traits éloquens ont pâli
Qui de l'ame élancés pénétraient jusqu'à l'ame :
Il s'est ouvert ce cœur, il vient de se briser,
Trop plein pour contenir la généreuse flamme
   Qu'il répandait sans l'épuiser.

La patrie, à l'aspect d'une cendre si chère,
A senti s'émouvoir ses entrailles de mère.
   Ah ! qu'elle pleure, elle a droit de pleurer.
Pour la défendre encore il déposa ses armes,

Elle s'honore en voulant l'honorer.
A le nommer son fils qu'elle trouve des charmes ;
Fière de sa douleur, plus belle de son deuil,
A qui voudra les voir qu'elle montre ses larmes ;
Car il est des enfans qu'on pleure avec orgueil.

Rome, tes yeux sont morts à ces larmes sacrées
  Dont on fait gloire en les versant ;
Les cendres de tes fils ne sont plus honorées
  Par ce tribut reconnaissant.
En vain leurs nobles cœurs battaient pour la patrie,
Dans ton abaissement en vain ils t'ont chérie ;
Ces murs, dont Michel-Ange a jeté dans les cieux
  Le dôme audacieux,
Réservent leurs honneurs à la puissance morte :
Pour elle des concerts, des fleurs et des flambeaux,
Et des bronzes menteurs penchés sur des tombeaux ;
  Mais pour la vertu, que t'importe ?

Aussi, courbé sous l'or du sceptre pastoral,
Ton peuple grave et fier, que ce mépris offense,
Laisse tomber son bras levé pour ta défense ;
Il fléchit sous des rois, lui qui n'eut point d'égal

Quand la gloire était ton idole ;
Et l'herbe a désuni le pavé triomphal
   Qui conduisait au Capitole.

En passant sur la terre où dorment tes héros,
Par les mugissemens de sa voix importune
Le bœuf pesant d'Ostie insulte à leur repos,
Ou, symbole vivant de ta triste fortune,
Endormi sous le joug du char qu'il a traîne,
Courbe sa corne noire et son front enchaîné
   A la place où fut la tribune.

Et c'est là qu'autrefois les publiques douleurs
Paraient l'urne des morts de gazon et de fleurs !
   Vous le savez, race guerrière,
   O vous, ossemens oubliés,
   Muets débris, noble poussière,
Que je sens tressaillir sous les touffes de lierre
   De ces tombeaux qu'on foule aux pieds !
Vous le savez, vous tous qui, pour vos funérailles,
Avez vu Rome en deuil sortir de ses murailles !
Ah ! s'il a pu cesser ce culte glorieux
Qu'on rendait au courage, à la sainte éloquence,

Levez-vous, il renaît; Romains, ouvrez les yeux,
Ne regardez pas Rome, et regardez la France.

  Il fut orateur et guerrier,
  Celui que la France attendrie
  Couronne d'un double laurier!
Entendez-vous ces mots : « Valeur, Talent, Patrie ! »
Entendez-vous ce cri d'une éloquente voix,
  « Ses enfans sont ceux de la France ! »
  Ce cri, qui d'un seul cœur s'élance,
Semble de tous les cœurs s'élever à la fois.....
Orateurs, répondez : jamais plus digne hommage
Honora-t-il un père en sa postérité,
  Et jamais votre pauvreté
Laissa-t-elle à vos fils un plus riche héritage?

Et vous aussi, guerriers, levez-vous : contemplez
De nos vieux étendards les vengeurs mutilés!
Ces Romains qui suivaient vos pompes funéraires
Par des exploits plus grands s'étaient-ils signalés
  Autour des faisceaux consulaires?
Les travaux, les hivers et l'ardeur des étés
Avaient-ils sur leur front mieux gravé leurs services,

Et leurs pleurs en coulant se sont-ils arrêtes
Dans de plus nobles cicatrices ?

Non, guerriers, non, jamais, mânes victorieux,
Jamais, fiers défenseurs des libertés publiques,
Rome ne se couvrit, pour vos vertus antiques,
D'un deuil plus unanime et plus religieux.
Non, non, sur vos tombeaux, Rome, la vieille Rome,
N'offrit pas dans sa gloire un spectacle plus grand
Que ce concours sacré d'un peuple entier pleurant,
  Pleurant la perte d'un seul homme !

Reçois, ô mon pays, ce tribut mérité !
France, de quel orgueil mon cœur a palpité
En t'adressant ces vers sous les ombrages sombres
  Qui couronnent le Célius,
Au pied du Palatin, devant les grandes ombres
  Des Camille et de Tullius.

Et toi, qu'on veut flétrir, jeunesse ardente et pure,
De guerriers, d'orateurs, toi, généreux essaim,
  Qui sens fermenter dans ton sein

Les germes dévorans de ta gloire future,
Penché sur le cercueil que tes bras ont porté,
De ta reconnaissance offre l'exemple au monde :
Honorer la vertu, c'est la rendre féconde;
    Et la vertu produit la liberté.

Prépare son triomphe en lui restant fidèle.
Des préjugés vieillis les autels sont usés;
Il faut un nouveau culte à cette ardeur nouvelle
    Dont les esprits sont embrasés.
Vainement contre lui l'ignorance conspire.
Que cette liberté qui règne par les lois
Soit la religion des peuples et des rois.
Pour la mieux consacrer on devait la proscrire;
Sa palme, qui renaît, croît sous les coups mortels;
Elle eut son fanatisme, elle touche au martyre,
    Un jour elle aura ses autels.

Le verrai-je ce jour, où sans intolérance
Son culte relevé protégera la France!
O champs de Pressagni, fleuve heureux, doux coteaux,
Alors, peut-être, alors mon humble sépulture
    Se cachera sous les rameaux

Où souvent, quand mes pas erraient à l'aventure,
Mes vers inachevés ont mêlé leur murmure
　　Au bruit de la rame et des eaux.

Mais si le temps m'épargne, et si la mort m'oublie,
Mes mains, mes froides mains par de nouveaux concerts
Sauront la rajeunir cette lyre vieillie;
Dans mon cœur épuisé je trouverai des vers,
　　Des sons dans ma voix affaiblie;
Et cette Liberté, que je chantai toujours,
Redemandant une hymne à ma veine glacée,
　　Aura ma dernière pensée
　　Comme elle eut mes premiers amours.

SIXIÈME MESSÉNIENNE.

ADIEUX A ROME.

L'airain avait sonné l'hymne pieux du soir.
Sur Saint-Jean-de-Latran, où cessait la prière,
La lune répandait sa paisible lumière :
Au milieu du Forum, triste, j'allai m'asseoir.
J'admirais ses débris, ses longs portiques sombres,
Et dans ce jour douteux, par leur masse arrêté,
Tous ces grands monumens empruntaient de leurs ombres
Plus de grandeur encore et plus de majesté :
Comme l'objet absent, qu'un regret nous rappelle,
Reçoit du souvenir une beauté nouvelle.
Mon luth, long-temps muet, préluda dans mes mains,
Et sur l'air grave et doux dont le chant se marie
Aux accens inspirés des poètes romains,
Cet adieu s'échappa de mon ame attendrie

ADIEUX

« Rome, pour la dernière fois
« Je parcours ta funèbre enceinte :
« Inspire les chants dont ma voix
« Va saluer ta gloire éteinte ;
« Luis dans mes vers, astre éclipsé
« Dont la splendeur fut sans rivale ;
« Ombre éclatante du passé,
« Le présent n'a rien qui t'égale !

« Tout doit mourir, tout doit changer :
« La grandeur s'élève et succombe.
« Un culte même est passager ;
« Il souffre, persécute et tombe.
« Tu brillais de ce double éclat,
« Et tu n'as pas fait plus d'esclaves
« Avec la toge du sénat,
« Que sous la pourpre des conclaves.

« Du sang de tes premiers soutiens
« Cette colline est arrosée ;
« Le sang de tes héros chrétiens
« Rougit encor le Colysée.
« A travers ces deux souvenirs

A ROME.

« Tu m'apparais, pâle et flétrie,
« Entre les palmes des martyrs
« Et les lauriers de la patrie.

« Que tes grands noms, que tes exploits,
« Tes souvenirs de tous les âges,
« Viennent se confondre sans choix
« Dans mes regrets et mes hommages,
« Comme ces temples abattus,
« Comme les tombeaux et les ombres
« De tes Césars, de tes Brutus,
« Se confondent dans tes décombres.

« Adieu, Forum, que Cicéron
« Remplit encor de sa mémoire !
« Ici chaque pierre a son nom,
« Ici chaque débris sa gloire.
« Je passe, et mes pieds ont foulé
« Dans ce tombeau, d'où sortit Rome,
« Les restes d'un dieu mutilé,
« Ou la poussière d'un grand homme.

« Adieu, vallon frais, où Numa

« Consultait sa nymphe chérie !
« J'entends le ruisseau qu'il aima
« Murmurer le nom d'Égérie.
« Son eau coule encor ; mais les rois,
« Que séduit une autre déesse,
« Ne viennent plus chercher des lois
« Où Numa puisait la sagesse.

« Temple, dont l'Olympe exilé
« A fui la majesté déserte,
« Panthéon, ce ciel étoilé
« Achève ta voûte entr'ouverte ;
« Et ses feux, du haut de l'Éther,
« Cherchant tes dieux dans ton enceinte.
« Vont sur l'autel de Jupiter
« Mourir au pied de la croix sainte

« Qui t'éleva, dôme éternel,
« Du Panthéon céleste frère ?
« Si tu fus l'œuvre d'un mortel,
« Les arts ont aussi leur Homère ;
« Et du génie en ce saint lieu
« Je sens l'invisible présence,

A ROME.

« Comme je sens celle du Dieu
« Qui remplit ta coupole immense.

« Je vous revois, parvis sacrés *
« Qu'un poète a rendus célèbres !
« Je foule les noms ignorés
« Qui chargent vos pavés funèbres,
« Et de tous ces tombeaux obscurs
« Le marbre, qui tient tant de place,
« Laisse à peine un coin dans vos murs
« Pour la cendre et le nom du Tasse !

« Cloître désert, sous tes arceaux
« Mourut l'amant d'Éléonore,
« Près du chêne dont les rameaux
« Devaient pour lui verdir encore.
« Avant l'âge ainsi meurt Byron ;
« Un même trépas les immole :
« L'un tombe au seuil du Parthénon,
« Et l'autre au pied du Capitole..... »

---

* L'église et le couvent de Saint-Onuphre où mourut le Tasse

ADIEUX

Je les pleurais tous deux, et je sentis ma voix
Mourir avec leurs noms sur mes lèvres tremblantes ;
Je sentis les accords s'affaiblir sous mes doigts.
Pareils au bruit plaintif, aux notes expirantes.
Qui se perdent dans l'air, quand du *Miserere*
Les sons au Vatican s'éteignent par degré.
Jaloux pour mon pays, je cherchais en silence
Quels noms il opposait à ces noms immortels :
Il m'apparait alors, celui dont l'éloquence
Des demi-dieux romains releva les autels ;
Le Sophocle français, l'orgueil de sa patrie.
L'égal de ses héros, celui qui crayonna
L'ame du grand Pompée et l'esprit de Cinna.
Ému d'un saint respect. je l'admire et m'écrie :

« Chantre de ces guerriers fameux.
« Grand homme! ô Corneille. ô mon maître.
« Tu n'as pas habité comme eux
« Cette Rome, où tu devais naître :
« Mais les dieux t'avaient au berceau
« Revelé sa grandeur passée.
« Et. sans fléchir sous ton fardeau.
« Tu la portais dans ta pensee[1]

A ROME.

« Ah! tu dois errer sur ces bords
« Où le Tibre te rend hommage!
« Viens converser avec les morts
« Dont ta main retraça l'image.
« Viens, et, ranimés pour te voir,
« Ils vont se lever sur tes traces:
« Viens, grand Corneille, viens t'asseoir
« Au pied du tombeau des Horaces!

« De quel noble fremissement
« L'orgueil doit agiter ton ame,
« Lorsque sur ce froid monument
« De tes vers tu répands la flamme!
« Il tremble! et dans son sein profond
« J'entends murmurer sous la terre
« Deux fils morts, dont la voix répond
« Au *qu'il mourût* de leur vieux père.

« Beau comme ces marbres vivans
« Dont l'art enfanta les merveilles,
« Ton front vaste abandonne aux vents
« Ses cheveux blanchis par les veilles:
« Et quand les fils de Romulus

« Autour de toi couvrent ces plaines,
« Je crois voir un Romain de plus
« Évoquant les ombres romaines.

« Je pars, mais ces morts me suivront :
« Ta muse a soufflé sur leur cendre.
« En renaissant, ils grandiront
« Dans tes vers qui vont me les rendre ;
« Et l'airain, qui vainqueur du temps
« Jusqu'aux cieux porta leurs images,
« Les plaça sur des monumens
« Moins sublimes que tes ouvrages ! »

SEPTIÈME MESSÉNIENNE.

PROMENADE AU LIDO.

Venise

Arrête, gondolier; que ta barque un moment
    Cesse de fendre les lagunes;
L'essor qu'elle a reçu va mourir lentement
    Sur les sables noirs de ces dunes.
Gondolier, je reviens : je viens dans un moment
    Prêter l'oreille aux infortunes
    De Clorinde et de son amant.

Souvent un étranger qui parcourait ces rives
Prit plaisir aux accords de vos stances plaintives.
    Je veux voir si ces lieux déserts
    Ont gardé de lui quelque trace;

Car il aima, souffrit, chanta comme le Tasse,
Dont tu viens de chanter les vers...

Lido, triste rivage! ô mer, plus triste encore,
Qui frémissais d'amour, quand tes flots empressés
S'entr'ouvraient pour l'anneau tombant du Bucentaure:
Des fêtes de Saint-Marc les beaux jours sont passés!

Rialto n'entend plus le chant des barcaroles :
Adieu la soie et l'or mollement enlacés,
Qui tombaient en festons sur le fer des gondoles :
Des fêtes de Saint-Marc les beaux jours sont passés!

En vain du marronnier les fleurs et le feuillage
Parent de la Brenta les palais délaissés,
La gloire et les amours n'y cherchent plus d'ombrage :
Des fêtes de Saint-Marc les beaux jours sont passés!

Que de fois dans sa rêverie,
Sur ce bord dont l'écho répète encor son nom,
Alors qu'il errait sans patrie,

AU LIDO.

Ces souvenirs de deuil ont poursuivi Byron!
Souvenirs où son cœur, abreuvé d'amertume,
Trouvait dans ses ennuis de douloureux appas,
Tandis que le coursier, qu'il blanchissait d'écume,
Faisait jaillir le sable où s'imprimaient ses pas.

O ciel! la voilà donc, cette beauté si fière
Qu'adoraient, en tremblant, les peuples asservis,
Le jour qu'un empereur, dans ses sacrés parvis,
Sous les pieds d'un pontife a baisé la poussière!
Des siècles, pour grandir; pour mourir, des instans:
Tels furent ses destins ; sa longue décadence
D'une lutte sans fin n'a point lassé le temps :
Un peuple a tout perdu s'il perd l'indépendance.

C'est en vain que Venise a revu ces coursiers
Attelés si long-temps au char de notre gloire,
Qui s'est enfin rompu sous le poids des lauriers,
  Usé par trente ans de victoire.
Le lion dans les fers en vain menace encor;
Il ne secoûra plus sa crinière sanglante,
Et ses ailes d'airain ne prendront plus l'essor

Pour suspendre au retour, sous la coupole d'or,
　　Les drapeaux conquis à Lépante.

Non, Venise n'est plus : ses tranquilles tyrans
Marchent, la tête haute, entre les deux géans
Qui virent de ses chefs le courroux tutélaire
Frapper les cheveux blancs qu'elle avait révérés,
Quand la hache des lois, de degrés en degrés,
Fit bondir d'un tyran la tête octogénaire.

Où sont donc ces héros? où sont-ils? Sous ta main,
　　Qui touche leurs froides reliques.
Où sont-ils? Cherche-les, au seuil de ces portiques,
Dans l'immobilité d'un simulacre vain,
Dans ces marbres debout sur des tombeaux gothiques...
Ses héros d'aujourd'hui sont de marbre et d'airain.

Que dis-je? de leurs yeux l'éclair encor s'élance :
Ils respirent encor sur ces murs où Palma,
Où du fier Tintoret la main les anima.
Le pinceau du Bassan fait parler leur silence.
Vous vivez, Lorédan, Bembo, Contarini,

AU LIDO.

Vous vivez sur la toile, où le croissant puni
Livre ses crins captifs à vos pieux courages.
Vous ne pouvez mourir... les morts sont vos enfans,
Les morts sont les guerriers qui peuplent ces rivages,
  Et passent devant vos images
  Sans s'affranchir de leurs tyrans.

Père de tous les biens, l'amour de la patrie
Fonde seul la grandeur d'un peuple à son berceau;
Il fit régner Venise, et Venise flétrie
Le jour qu'il expira dut le suivre au tombeau.
Sa grandeur s'écoula comme le flot qui roule,
Sans laisser à mes pieds de trace sur ce bord.
Ils dorment, ces vengeurs, comme le flot qui dort
Dans ses canaux déserts où le marbre s'écroule.....

Les Grecs aussi dormaient; ils se sont réveillés!
Ils ont levé leurs bras si long-temps immobiles.
  Leurs glaives si long-temps rouillés,
Brillent du même éclat qu'au jour des Thermopyles.
Fiers, quand ils ont péri, d'un trépas glorieux,
Les Grecs, le front levé, regardent leurs aïeux;
Et tout couverts d'un sang qui lave tant d'injures,

Quand ils montrent du doigt leurs corps percés de coups,
Léonidas recule en comptant leurs blessures,
  Et Thémistocle en est jaloux.

  La république est opprimée;
  Et vous aussi, réveillez-vous,
  Guerriers, dont la main désarmée
  Languit sans force et sans courroux !
  Fils de saint Marc, réveillez-vous ;
  Qu'un peuple devienne une armée.
Saint Marc! gloire et saint Marc!... à ce cri répété
Le lion a rugi, du beffroi qui résonne
  L'airain pieux s'est agité :
Courez, obéissez au signal qu'il vous donne ;
  Frappez, il vous appelle, il sonne
  Les vêpres de la liberté !

« Des armes ! » dites-vous ?... Vos tyrans ont des armes :
Osez les leur ravir. Forcez vos arsenaux,
Reprenez ces poignards, ces glaives, ces drapeaux,
Que Zara, que Bysance arrosa de ses larmes.
  Reprenez-les pour conquérir
Ces lois, de tout grand peuple uniques souveraines !

AU LIDO.

Reprenez-les pour secourir
Et pour imiter les Hellènes !
Reprenez-les pour vaincre ;... et fût-ce pour mourir,
Ils seront moins lourds que vos chaînes.

Vainqueurs, sauvez les Grecs !... Vous manquez de vaisseaux !...
Venise traîne encor son linceul en lambeaux :
Comme une voile immense, eh bien ! qu'il se déploie
Au faîte de ses tours qui nagent sur les eaux,
A ses flèches de marbre, aux pointes des créneaux
Où volent ces oiseaux de proie !
Venise avec ses tours et ses palais mouvans,
Ses temples que la mer balance,
Va flotter, va voguer, conduite par les vents,
Aux bords où pour les Grecs le passé recommence.
Partez ! et puisse-t-elle, aux flots s'abandonnant,
Refleurir près d'Athène à sa splendeur rendue,
Et recouvrer en la donnant
La liberté qu'elle a perdue !

Tais-toi, muse, tais-toi ! le sommeil de la mort
Pèse encor sur ce peuple et ferme son oreille.
En voulant réveiller cet esclave qui dort,

Crains pour toi l'oppresseur qui veille.
Dans ces murs, où souvent un seul mot répété
A provoqué des Dix la rigueur ténébreuse,
　　La tyrannie est ombrageuse,
　　Comme autrefois la liberté.

Gondolier, je reviens; en fendant les lagunes,
Rends à ton noir esquif son doux balancement,
　　Et chante-moi les infortunes
　　De Clorinde et de son amant.

ÉPILOGUE.

De l'antique élégie, allez, filles nouvelles,
    Vous, dont la voix chanta la Liberté
      Sur les ruines éternelles
Où de son ombre encor plane la majesté.
    Allez, hâtez-vous, le temps presse :
Ce fanatisme ardent qui menace nos droits,
Il marche, il court, il peut vous gagner de vitesse,
En frappant la pensée avec le fer des lois.

Que si je n'avais craint de vous voir prisonnières,
    Deux compagnes auraient encor,
Pour s'unir à vos chants, retardé votre essor ;
Allez ; peut-être, hélas ! serez-vous les dernières !

Célébrez l'Italie ; ah ! qui verra jamais
L'azur de son beau ciel sans vanter ses attraits !
Qui ne cède aux transports d'une lyrique audace

EPILOGUE.

Sur ces bords que les dieux se plaisaient à fouler,
Où des mêmes zéphyrs qui parfumaient leur trace
Le souffle harmonieux semble encore exhaler
Les sons du luth divin de Virgile et d'Horace.

Mais sur ces bords charmans caressés par les mers,
Sur ces tombeaux romains que la mousse a couverts,
  Comme aux lieux où Venise expire,
L'esclavage hideux s'entoure de déserts.
Au murmure éternel des eaux et du zéphire
Il mêle, en gémissant, le bruit sourd de ses fers,
Et son haleine impure aux parfums qu'on respire.
Dans quelque doux climat qu'on se veuille exiler,
On trouve donc partout des tyrans à maudire,
  Et des peuples à consoler?

  Filles de l'antique élégie,
Que n'avez-vous ses plaintives douceurs,
Ses élans inspirés, sa brûlante énergie!...
  Mais avant que des oppresseurs
Etouffent sous les lois la vérité muette,
Vous leur pouvez du moins prédire leur défaite :
Eh bien! ils tomberont, ces amans de la nuit.

ÉPILOGUE.

La force comprimée est celle qui détruit ;
C'est quand il est captif dans un nuage sombre,
    Que le tonnerre éclate et luit ;
Et la chute est facile à qui marche dans l'ombre.

UNE SEMAINE

DE PARIS.

UNE SEMAINE DE PARIS.

AUX FRANÇAIS.

Debout, mânes sacrés de mes concitoyens !
Venez ; inspirez-les, ces vers où je vous chante.
Debout, morts immortels, héroïques soutiens
    De la liberté triomphante !
Brûlant, désordonné, sans frein dans son essor,
Comme un peuple en courroux qu'un même cri soulève,
    Que cet hymne vers vous s'élève
    De votre sang qui fume encor !

Quels sont donc les malheurs que ce jour nous apporte?
- Ceux que nous présageaient ses ministres et lui.
- Quoi ! malgré ses sermens ! - Il les rompt aujourd'hui.
- Le ciel les a reçus. - Et le vent les emporte.
- Mais les élus du peuple?... - Il les a cassés tous.

-Les lois qu'il doit défendre?-Esclaves comme nous.
-Et la pensée?-Aux fers.-Et la liberté?-Morte.
-Quel était notre crime?-En vain nous le cherchons.
-Pour mettre en interdit la patrie opprimée,
Son droit?-C'est le pouvoir.-Sa raison?-Une armée.
 -La nôtre est un peuple : marchons.

 Ils marchaient, ils couraient sans armes,
  Ils n'avaient pas encor frappé,
On les tue; ils criaient : Le monarque est trompé!
On les tue... ô fureur! Pour du sang, quoi! des larmes!
De vains cris pour du sang!-Ils sont morts les premiers;
Vengeons-les, ou mourons.-Des armes!-Où les prendre?
 -Dans les mains de leurs meurtriers :
A qui donne la mort c'est la mort qu'il faut rendre.

 Vengeance! place au drapeau noir!
Passage, citoyens! place aux débris funèbres
  Qui reçoivent dans les ténèbres
  Les sermens de leur désespoir!
Porté par leurs bras nus, le cadavre s'avance.
Vengeance! Tout un peuple a répété : Vengeance!
Restes inanimés, vous serez satisfaits!

Le peuple vous l'a dit, et sa parole est sûre ;
  Ce n'est pas lui qui se parjure :
Il a tenu quinze ans les sermens qu'il a faits.

  Il s'est levé : le tocsin sonne ;
  Aux appels bruyans des tambours,
  Aux éclats de l'obus qui tonne,
  Vieillards, enfans, cité, faubourgs,
  Sous les haillons, sous l'épaulette,
  Armés, sans arme, unis, épars,
  Se roulent contre les remparts
  Que le fer de la baïonnette
  Leur oppose de toutes parts.
  Ils tombent ; mais dans cette ville,
  Où sur chaque pavé sanglant
  La mort enfante en immolant,
  Pour un qui tombe il en naît mille.

Ouvrez, ouvrez encor les grilles de Saint-Cloud !
Vomissez des soldats pour nous livrer bataille.
Le sabre est dans leurs mains; dans leurs rangs, la mitraille ;
Mais de la Liberté l'arsenal est partout.

Que nous importe à nous l'instrument qui nous venge!
Une foule intrépide agite en rugissant
La scie aux dents d'acier, le levier, le croissant ;
Sous sa main citoyenne en arme tout se change :
Des foyers fastueux les marbres détachés,
Les grès avec effort de la terre arrachés,
    Sont des boulets pour sa colère ;
Et, soldats comme nous, nos femmes et nos sœurs
    Font pleuvoir sur les oppresseurs
    Cette mitraille populaire.

Qu'ils aient l'ordre pour eux, le désordre est pour nous!
Désordre intelligent, qui seconde l'audace,
Qui commande, obéit, marque à chacun sa place,
    Comme un seul nous fait agir tous,
    Et qui prouve à la tyrannie,
    En brisant son sceptre abhorré,
    Que, par la patrie inspiré,
Un peuple, comme un homme, a ses jours de génie.

Quoi! toujours sous le feu, si jeune, au premier rang!
Retenons ce martyr que trop d'ardeur enflamme.
Il court, il va mourir... Relevons le mourant :

DE PARIS.

O Liberté, c'est une femme!

Quel est-il ce guerrier suspendu dans les airs?
    De son drapeau qu'il tient encore
Il roule autour de lui le linceul tricolore,
    Et disparaît au milieu des éclairs.
    Viens recueillir sa dernière parole,
        Grande ombre de Napoléon!
        C'est à toi de graver son nom
    Sur les piliers du nouveau pont d'Arcole.

Ce soleil de juillet qu'enfin nous revoyons,
    Il a brillé sur la Bastille.
Oui, le voilà, c'est lui! La Liberté, sa fille,
    Vient de renaître à ses rayons.
Luis pour nous, accomplis l'œuvre de délivrance;
Avance, mois sauveur, presse ta course, avance :
    Il faut trois jours à ces héros.
Abrége au moins pour eux les nuits qui sont sans gloire;
    Avance, ils n'auront de repos
    Que dans la tombe ou la victoire.

Nuits lugubres, tout meurt, lumière et mouvement.

De cette obscurité muette et sépulcrale
Quels bruits inattendus sortent par intervalle?
Le cliquetis du fer qui heurte pesamment
Des débris entassés la barrière inégale;
Ces cris se répondant de moment en moment:
Qui vive?...-Citoyens.-Garde à vous, sentinelles!
L'adieu de deux amis, dont un embrassement
Vient de confondre encor les ames fraternelles;
Les soupirs d'un blessé qui s'éteint lentement,
Et sous l'arche plaintive un sourd frémissement,
Quand l'onde, en tournoyant, vient refermer la tombe
    D'un cadavre qui tombe.....

    Au Louvre, amis! voici le jour!
   Battez la charge! Au Louvre, au Louvre!
Balayé par le plomb qui se croise et les couvre,
    Chacun, pour mourir à son tour,
   Vient remplir le rang qui s'entr'ouvre.
Le bataillon grossit sous ce feu dévorant.
Son chef dans la poussière en vain roule expirant;
Il saisit la victime, il l'enlève, il l'emporte,
Il s'élance, il triomphe, il entre... Quel tableau!
Dieu juste! la voilà victorieuse et morte
    Sur le trône de son bourreau!

Allez, volez, tombez dans la Seine écumante,
D'un pouvoir parricide emblèmes abolis!
Allez, chiffres brisés; allez, pourpre fumante;
Allez, drapeaux déchus, que le meurtre a salis!
Dépouilles des vaincus, par le fleuve entraînées,
Dépouilles des martyrs que je pleure aujourd'hui,
Allez, et sur les flots, à Saint-Cloud, portez-lui
    Le bulletin des trois journées!

Victoire! embrassons-nous. - Tu vis! - Je te revois!
- Le fer de l'étranger m'épargna comme toi.
- Quel triomphe! - En trois jours. - Honneur à ton courage.
- Gloire au tien! - C'est ton nom qu'on cite le premier.
- N'en citons qu'un. - Lequel? - Celui du peuple entier.
Hier qu'il était brave, aujourd'hui qu'il est sage!
- Du trépas, en mourant, un d'eux m'a préservé.
- Mais ton sang coule encor. - Ma blessure est légère.
- Et ton frère? - Il n'est plus. - L'assassin de ton frère,
    Tu l'as puni? - Je l'ai sauvé.

    Ah! qu'on respire avec délices,
Et qu'il est enivrant l'air de la liberté!
    Comment regarder sans fierté

Ces murs couverts de cicatrices,
Ces drapeaux qu'à l'exil redemandaient nos pleurs,
Et dont nous revoyons les glorieux symboles
Voltiger, s'enlacer, courber leurs trois couleurs
Sur ces nobles enfans, l'orgueil de nos écoles?
Des fleurs à pleines mains, des fleurs pour ces guerriers !
Jetez-leur au hasard des couronnes civiques :
  Ils ne tomberont, vos lauriers,
  Que sur des têtes héroiques.

Mais lui, que sans l'abattre ont jadis éprouvé
  Le despotisme et la licence,
  Que la vieillesse a retrouvé
  Ce qu'il fut dans l'adolescence,
Entourons-le d'amour ! Français, Américains,
De baisers et de pleurs couvrons ses vieilles mains !
La popularité, si souvent infidèle,
Est fille de la terre et meurt en peu d'instans ;
  La sienne, plus jeune et plus belle,
A traversé les mers, a triomphé du temps :
C'était à la vertu d'en faire une immortelle.

O toi, Roi citoyen, qu'il presse dans ses bras

Aux cris d'un peuple entier, dont les transports sont justes,
Tu fus mon bienfaiteur, je ne te loûrai pas :
Les poètes des rois sont leurs actes augustes.
Que ton règne te chante, et qu'on dise après nous :
Monarque, il fut sacré par la raison publique;
Sa force fut la loi; l'honneur, sa politique;
    Son droit divin, l'amour de tous.

Pour toi, peuple affranchi, dont le bonheur commence,
Tu peux croiser tes bras après ton œuvre immense;
Purs de tous les excès, huit jours l'ont enfanté
Ils ont conquis les lois, chassé la tyrannie,
    Et couronné la Liberté :
Peuple, repose-toi; ta semaine est finie!

NOTES.

NOTES.

LE DEPART.

PAGE 121, VERS 4

Adieu, patrie ! adieu, patrie !

« *Child-Harold* had a mother not forgot,
« Though parting from that mother he did shun,
   A sister whom he loved, etc.

Lord Byron se peint dans *Childe-Harold* comme un exilé volontaire qui quitte sans regret sa terre natale, sa famille et tout ce qu'il a aimé. Cependant, à peine a-t-il le pied sur le navire qui va l'entraîner loin de l'Angleterre, à peine le vent commence-t-il à enfler la voile, qu'il se sent pris d'une tristesse profonde, et qu'il s'écrie avec amertume, lui qui s'était vanté de partir avec joie :

« Adieu ! adieu ! my native shore !

En quittant une patrie où son nom est honoré et sa gloire populaire, le poète des *Messéniennes* adresse à la France des adieux plus tendres, et il ne proteste pas, comme lord Byron, contre cette première sensation mélancolique du voyage. Nous lui avons ouï raconter que, lorsque le brick napolitain sur lequel il était embarqué leva l'ancre, il avait entendu un jeune matelot chanter un air touchant d'Italie, qu'il s'était souvenu de cet air, et qu'il avait improvisé la ballade suivante, sur les notes du chanteur italien. Voici cette ballade, à laquelle l'auteur ne trouvait modestement que le mérite de la naïveté :

La brigantine
Qui va tourner,
Roule et s'incline
Pour m'entraîner.
O Vierge Marie,
Pour moi priez Dieu !
Adieu, patrie !
Provence, adieu !

Mon pauvre père
Verra souvent
Pâlir ma mère
Au bruit du vent.
O Vierge Marie,
Pour moi priez Dieu !
Adieu, patrie !
Mon père, adieu !

La vieille Hélène
Se confira
Dans sa neuvaine,
Et dormira.
O Vierge Marie,
Pour moi priez Dieu !
Adieu, patrie !
Hélène, adieu !

Ma sœur se lève,
Et dit déjà :
« J'ai fait un rêve :
« Il reviendra ! »
O Vierge Marie !
Pour moi priez Dieu,
Adieu, patrie !
Ma sœur, adieu !

De mon Isaure
Le mouchoir blanc
S'agite encore
En m'appelant.
O Vierge Marie,
Pour moi priez Dieu !
Adieu, patrie !
Isaure, adieu !

Brise ennemie,
Pourquoi souffler
Quand mon amie
Veut me parler ?
O Vierge Marie,
Pour moi priez Dieu !
Adieu, patrie !
Bonheur, adieu !

PAGE 127, VERS 4.

Non, rien n'ébranlera cette vaste puissance.

Telle fut un moment la pensée de la France entière à la naissance du Roi de Rome, à une époque où la gloire qui aurait pu nous donner la liberté, semblait du moins nous en tenir lieu. Le public ne verra peut-être pas sans intérêt le dithyrambe que M. Delavigne composa à cette occasion : c'est le premier ouvrage de l'auteur, qui avait seize ans, et qui était encore au collège. On le trouvera dans les poésies diverses, à la fin de ce volume.

CRISTOPHE COLOMB.

PAGE 135, VERS 6.

Mais pourquoi ce concours, ces transports, ces clameurs ?
Quel monarque, etc.

Il n'existe dans les fastes d'aucune nation ancienne ou moderne l'exemple d'un triomphe aussi glorieux que celui du général Lafayette. Ce triomphe ne lui était pas décerné dans l'ivresse de victoires récentes, c'est après quarante-trois ans d'absence que l'ami de Washington retrouvait aux États-Unis tous les souvenirs de ses premiers faits d'armes et une reconnaissance aussi empressée que si le bienfait n'était que d'hier.

C'était tout un peuple qui se levait comme un seul homme, selon l'expression de l'Écriture, et qui saluait Lafayette du nom de l'hôte bien-aimé. Il y avait là, sans doute, de quoi le consoler de bien des sacrifices et de bien des persécutions, depuis les ennuis des cachots d'Olmutz jusqu'aux petites tracasseries d'une police méticuleuse.

Après ce voyage en Amérique, et plus tard, après l'accueil triomphal que nos provinces du Midi firent au général Lafayette, chacun disait que sa vieillesse pouvait s'éteindre paisiblement au bruit des acclamations des deux mondes. Qui eût dit que la fortune lui gardait encore assez de jours pour donner son nom à une grande révolution, pour commander douze cent mille soldats citoyens, et pour être l'ami d'un roi ?

LA SIBYLLE.

PAGE 153, VERS 12.

L'Espagne qui préfère au plus beau de ses crimes.

On ne se souvient pas assez que, d'après les anciennes institutions du pays, la Liberté avait obtenu droit de cité dans la monarchie espagnole, bien avant même que l'Angleterre fût entrée dans les voies du gouvernement représentatif. Le despotisme de Charles-Quint et le fanatisme de l'Inquisition étouffèrent les vrais principes du gouvernement espagnol. En 1807, ce fut pourtant le souvenir des vieilles libertés castillanes qui indigna Napoléon par d'héroïques résistances, et qui ressuscita les traditions chevaleresques du Cid. C'est à ce mémorable réveil de l'Espagne que M. Delavigne a su atteindre dans le fragment suivant d'un poème qui ne sera jamais publié.

. . . .
Dans le morne sommeil d'une fièvre accablante,
S'il rêve qu'un poignard se lève sur son sein,
Voyez ce moribond, sur de son épouvante,
Pâle et les bras tendus pour saisir l'assassin
S'élancer frissonnant de sa couche brûlante ;
Ainsi a fait l'Espagne, à ses derniers moments
Secouant le sommeil d'une lente agonie.
    Pour écraser la tyrannie
    S'armera de ses fondements.

Le Cid, vieil de Castille, ...

NOTES.

Paraît, le glaive en main, la douleur sur le front,
Il frémit, le héros, de colère et de honte,
  Comme au jour où cherchant le comte
Il perdit sa maîtresse et vengea son affront.

« Arrière ! cria-t-il, guerriers dont la vaillance
« Sous tant de cieux divers vengea l'honneur français ;
« Arrière, par pitié pour trente ans de succès !
« Par respect pour ta gloire, arrière, noble France !

« Ils m'entendent du moins ; je les ai vus frémir
« Ces drapeaux mutilés et fiers de leurs blessures
« Ils empruntent des vents une voix pour gémir,
« Et semblent murmurer de sinistres augures.
« Au récit des revers qui vous sont préparés,
« Baissez vos fers sanglans, étendards intrépides !
  « O vainqueurs de Valmy, pleurez !
  « Pleurez, vainqueurs des Pyramides !

  « Du ciel vomissant les feux,
« Le plus brûlant des mois accourt et vous dévore
« C'est peu de notre sang des vengeurs vont éclore,
  « Semblables à leurs aïeux
  « Dont les bras victorieux
« Ont brisé dans Burgos les bannières du Maure

« Des montagnes d'Urgel aux murs de l'Alhambra,
« Pelage a réveillé nos tribus assoupies ;
« Du guérillas fuyant le plomb vous atteindra,
« Son stylet dans la main, le meurtre vous suivra
  « Sur la crête des Asturies,
  « Dans les gorges de la Sierra.

« Ils ne sont plus ces jours où, vous prenant pour guides,
  « Les arts, d'un héroïque essor,
« Suivaient en combattant dans des déserts arides
« Les pas de Sultan juste et de Sultan bras d'or *

---

* Surnoms donnés par les Arabes à Desaix et à Kléber

NOTES.

« Ils ne sont plus ces jours de liberté, de gloire,
« Jours sauveurs, et par vous à jamais consacrés,
« Où la France abreuvait ses sillons altérés
« Du sang dont Kellermann arrosait sa victoire.

   « Infortunés débris de tant d'exploits passés,
      « Vous allez perdre dans nos sables
      « Les derniers lambeaux vénérables
      « Que le boulet vous a laissés.

      « Arrière, étendards intrépides...
« Mais non, la charge sonne, et vous obéirez
      « O vainqueurs de Valmy, pleurez !
      « Pleurez, vainqueurs des Pyramides ! »

UNE SEMAINE DE PARIS.

PAGE 189, VERS 8.

De votre sang qui fume encor !

Avant que le poète eût recueilli ses souvenirs et rassemblé ses émotions pour composer, dans le silence du cabinet, cette belle Messénienne, il avait improvisé, pour les vainqueurs de la grande semaine, un chant de ralliement, que toute la France a répété, dont tous nos théâtres ont retenti, et que nos enfans balbutient, comme nous avons balbutié la *Marseillaise*. La *Parisienne* aussi a été écrite en présence de l'ennemi, quand le canon ébranlait nos murailles, et le tocsin nos clochers; quand les troupes qui n'avaient pas eu le courage de désobéir à des ordres de sang, fuyaient devant une poignée de héros en vestes, armés de vieux fusils et d'épées rouillées; quand notre premier besoin, après un chef populaire, était un chant de poète, un chant de victoire pour ceux qui avaient survécu, un chant de regret pour ceux qui avaient succombé; c'était à M. Casimir Delavigne que nous le demandions : il ne nous l'a pas fait attendre, et nos ennemis l'ont su par cœur aussitôt que nous. Nous avons mis dans ce volume, aux Poésies diverses, cette *Parisienne*, qui a déjà été chantée à Bruxelles, à Berlin, à Londres, en Italie, et qui est destinée, sans doute, comme la *Marseillaise*, à faire le tour de l'Europe.

ÉTUDES
SUR L'ANTIQUITÉ.

LES TROYENNES.

CANTATE.

> Ἀλλ' ὦ τῶν χαλκεγχέων Τρωαὶ
> Ἄλοχοι μέλεαι,
> Καὶ κοῦραι, καὶ δύσνυμφοι,
> Τύφεται Ἴλιον. Αἰάζομεν
>
> EURIPIDE.

Aux bords du Simoïs, les Troyennes captives,
Ensemble rappelaient, par des hymnes pieux,
De leurs félicités les heures fugitives,
Et le deuil sur le front, les larmes dans les yeux,
    Adressaient de leurs voix plaintives
Aux restes d'Ilion ces éternels adieux :

CHOEUR.

D'un peuple d'exilés déplorable patrie,
Ton empire n'est plus, et ta gloire est flétrie.

UNE TROYENNE.

Des rois voisins puissant recours;
Que de fois Ilion s'arma pour leur défense!
D'un peuple heureux l'innombrable concours
S'agitait dans les murs de cette ville immense :
Ses tours bravaient des ans les progrès destructeurs,
Et, fondés par les dieux, ses temples magnifiques
Touchaient de leurs voûtes antiques
Au séjour de leurs fondateurs.

UNE TROYENNE.

Cinquante fils, l'honneur de Troie,
Assis au banquet paternel,
Environnaient Priam de splendeur et de joie;
Heureux père, il croyait son bonheur éternel!

UNE AUTRE.

Royal espoir de ta famille,
Hector, tu prends le bouclier,
Sur ton sein la cuirasse brille,
Le fer couvre ton front guerrier.
Aux yeux d'Hécube, qui frissonne,
Dans les jeux obtiens la couronne,
Pour en couvrir ses cheveux blancs;
Du ciel allumant la colère,

CANTATE.

Déjà le crime de ton frère
T'apprête des jeux plus sanglans.

UNE JEUNE FILLE.

Polyxène disait à ses jeunes compagnes :
Dépouillez ce vallon favorisé des cieux ;
C'est pour nous que les fleurs naissent dans ces campagnes,
    Le printemps sourit à nos jeux.
Elle ne disait pas : vous plaindrez ma misère
Sur ces bords où mes jours coulent dans les honneurs ;
Elle ne disait pas : mon sang teindra la terre
    Où je cueille aujourd'hui des fleurs.

CHOEUR.

D'un peuple d'exilés déplorable patrie,
Ton empire n'est plus, et ta gloire est flétrie.

UNE TROYENNE.

Sous l'azur d'un beau ciel, qui promet d'heureux jours,
Quel est ce passager dont la nef couronnée
Dans un calme profond s'avance abandonnée
    Au souffle des Amours ?

UNE AUTRE.

Il apporte dans nos murailles

Le carnage et les funérailles !
Neptune, au fond des mers que ton trident vengeur
    Ouvre une tombe à l'adultère !
Et vous, dieux de l'Olympe, ordonnez au tonnerre
    De dévorer le ravisseur.

UNE TROYENNE.

Mais non, le clairon sonne et le fer étincelle ;
Je vois tomber les rocs, j'entends siffler les dards :
Dans les champs dévastés le sang au loin ruisselle,
    Les chars sont heurtés par les chars.
        Achille s'élance,
        Il vole, tout fuit :
        L'horreur le devance,
        Le trépas le suit,
        La crainte et la honte
        Sont dans tous les yeux,
        Hector seul affronte
        Achille et les Dieux.

UNE AUTRE.

Sur les restes d'Hector qu'on épanche une eau pure,
Apportez des parfums, faites fumer l'encens.
Autour de son bûcher, vos sourds gémissemens
    Forment un douloureux murmure ;

Ah! gémissez, Troyens! soldats, baignez de pleurs
    Une cendre si chère!...
Des fleurs, vierges, semez des fleurs!
Hector dans le tombeau précède son vieux père.

CHOEUR.

Des fleurs, vierges, semez des fleurs!
Hector dans le tombeau précède son vieux père.

UNE TROYENNE.

Ilion, Ilion, tu dors, et dans tes murs
Pyrrhus veille enflammé d'une cruelle joie;
Tels que des loups errans par des sentiers obscurs,
    Les Grecs viennent saisir leur proie.

UNE AUTRE.

    Hélas! demain à son retour
Le soleil pour Argos ramènera le jour;
    Mais il ne luira plus pour Troie.

UNE TROYENNE.

O détestable nuit! ô perfide sommeil!
D'où vient qu'autour de moi brille une clarté sombre!
Quels affreux hurlemens se prolongent dans l'ombre!
    Quel épouvantable réveil!

UNE JEUNE TROYENNE.

Sthénélus massacre mon frère.

UNE JEUNE TROYENNE.

Ajax poursuit ma sœur dans les bras de ma mère.

UNE AUTRE.

Ulysse foule aux pieds mon père.

UNE TROYENNE.

Nos palais sont détruits, nos temples ravagés;
Femmes, enfans, vieillards, sous le fer tout succombe;
Par un même trépas dans une même tombe
    Tous les citoyens sont plongés.

UNE AUTRE.

Adieu, champs où fut Troie; adieu, terre chérie;
Et vous, mânes sacrés des héros et des rois,
Doux sommets de l'Ida, beau ciel de la patrie,
    Adieu pour la dernière fois!

UNE TROYENNE.

Un jour, en parcourant la plage solitaire,
    Des forêts le tigre indompté
Souillera de ses pas l'auguste sanctuaire,
    Séjour de la divinité.

CANTATE.

UNE TROYENNE.

Le pâtre de l'Ida, seul près d'un vieux portique,
Sous les rameaux sanglans du laurier domestique,
Où l'ombre de Priam semble gémir encor,
Cherchera des cités l'antique souveraine,
Tandis que le bélier bondira dans la plaine
     Sur le tombeau d'Hector.

UNE AUTRE.

Et nous, tristes débris battus par les tempêtes,
La mer nous jettera sur quelque bord lointain.

UNE AUTRE.

  Des vainqueurs nous verrons les fêtes;
Nous dresserons aux Grecs la table du festin.
Leurs épouses riront de notre obéissance;
Et dans les coupes d'or où buvaient nos aïeux,
Debout, nous verserons aux convives joyeux
     Le vin, l'ivresse et l'arrogance.

UNE TROYENNE.

Chantez cette Ilion proscrite par les dieux;
Chantez, nous diront-ils, misérables captives,
Et que l'hymne troyen retentisse en ces lieux.
O fleuves d'Ilion, nous chantions sur vos rives,

Quand des murs de Priam les nombreux citoyens,
Enrichis dans la paix, triomphaient dans la guerre;
    Mais les hymnes troyens
Ne retentiront plus sur la rive étrangère!

UNE AUTRE.

    Si tu veux entendre nos chants,
Rends-nous, peuple cruel, nos époux et nos pères,
    Nos enfans et nos frères!
Fais sortir Ilion de ses débris fumans!
Mais puisque nul effort aujourd'hui ne peut rendre
    La splendeur à Pergame en cendre,
    La vie aux guerriers phrygiens,
Sans cesse nous voulons pleurer notre misère,
    Et les hymnes troyens
Ne retentiront pas sur la rive étrangère.

CHOEUR.

Adieu, mânes sacrés des héros et des rois!
    Adieu, terre chérie!
Doux sommets de l'Ida, beau ciel de la patrie,
Vous entendez nos chants pour la dernière fois!

DANAÉ.

... Εὗδ ε βρέφις, εὑδέτω δε πόντο-,
Εὑδέτα ἄμετρον κακόν.

SIMONIDE.

Les ministres fougueux du tyran d'Éolie
Troublaient au loin les airs de leurs longs sifflemens,
Et des rochers émus jusqu'en leurs fondemens
Amphitrite insultait la cime ensevelie
   Sous ces monts écumans.
Un torrent pluvieux s'échappait des nuages,
Et les pâles clartés que vomissaient leurs flancs
  Sillonnaient les flots turbulens
  De cet océan sans rivages.

Le front déjà voilé des ombres du trépas,
Seule sur un esquif, Danaé gémissante
Levait au ciel ses yeux éteints par l'épouvante,
Ses yeux... Son jeune fils reposait dans ses bras.
Enfin, avec transport sur son cœur elle presse

Ce fils, l'unique objet de ses mornes douleurs,
Puis de ses froides mains doucement le caresse,
Et lui dit, le couvrant de baisers et de pleurs :

« Si jeune tu ne peux connaître
Toute l'horreur de notre sort,
Pauvre enfant, tu souris peut-être
Au flot qui t'apporte la mort.

Phébé, que ton céleste frère
Abaisse ses regards sur moi ;
Fils de Latone, souviens-toi
Des infortunes de ta mère.

Hélas ! rallumant son flambeau,
Que l'aurore tarde à paraître !
Dieux, quelle nuit et quel berceau
Pour un enfant qui vient de naître !

O mon fils ! il n'est plus d'espoir !
Déjà l'abîme nous dévore :

DANAÉ.

Sur mon sein je te presse encore,
Mais je ne dois plus te revoir. »

Cependant Jupiter a tressailli de crainte :
Pâle, il s'est élancé, le courroux dans les yeux :
C'est un père, un amant, c'est le maître des dieux ;
Il porte sur son front cette majesté sainte
Qui consterne la terre et fait trembler les cieux :
La foudre à son aspect se tait épouvantée ;
A ses pieds les autans déposent leur fureur ;
De la voûte du ciel, qu'elle avait insultée,
  La mer précipitée
Dans ses gouffres sans fond retombe de terreur.
Il parle ; Danaé tremble à sa voix chérie,
Se courbe sous sa gloire, et frissonne, et s'écrie :

« Grâce, dieu redouté ; ne nous consume pas
De l'éclat dévorant dont ta gloire est armée.
Et toi, lève, ô mon fils, ta tête inanimée ;
  C'est ton père, tends-lui les bras !

Il m'exauce, aucun bruit ne frappe mes oreilles ;

La nuit a rallumé ses astres radieux ;
Tu souris, tes beaux yeux se ferment, tu sommeilles ;
   Dors, mon fils, sur la foi des dieux. »

Elle dit, et l'esquif, sous un ciel sans nuage,
Poussé par les zéphirs, glisse jusqu'au rivage.
Danaé sur des fleurs dépose son trésor,
Cet enfant qu'à regret les flots semblent lui rendre,
L'écoute respirer, l'entend, l'écoute encor,
   Ne peut se lasser de l'entendre ;
Et le cœur agité d'un doux frémissement,
Sentant son sein pressé par la bouche vermeille
   De l'enfant qui s'éveille,
Rend un pieux hommage à son céleste amant.

ANTIGONE ET ISMÈNE,

PLEURANT SUR LEURS FRÈRES.

> Ἴτω δ'ἄκρυα
> ἴτω γόος.
> ESCHYLE.

ANTIGONE.

Éclatez mes sanglots!

ISMÈNE.

Coulez, coulez, mes pleurs!

ANTIGONE.

Tu frappes et péris.

ISMÈNE.

En immolant tu meurs.

ANTIGONE.

Son glaive te renverse.

ISMÈNE.

Et sous ton glaive il tombe.

ANTIGONE ET ISMÈNE.

ANTIGONE.

Même âge.

ISMÈNE.

Même sang.

ANTIGONE.

Et bientôt même tombe.
O frères malheureux !

ISMÈNE.

Plus misérables sœurs !

ANTIGONE.

Éclatez, mes sanglots !

ISMÈNE.

Coulez, coulez, mes pleurs !

ANTIGONE.

Mes yeux se couvrent de ténèbres ;
Mon cœur succombe à ses tourmens.

ISMÈNE.

Ma voix, lasse de cris funèbres,
S'éteint en sourds gémissemens.

ANTIGONE.

Quoi ! périr d'une main si chère !

ANTIGONE ET ISMÈNE.

ISMÈNE.

Quoi! percer le cœur de son frère!

ANTIGONE.

Tous deux vainqueurs!

ISMÈNE.

Vaincus tous deux!

ANTIGONE.

O récit qui me désespère!

ISMÈNE.

O spectacle encor plus affreux!

ANTIGONE.

Où les ensevelir?

ISMÈNE.

A côté de leur père :
Il fut infortuné comme eux.

ANTIGONE.

O mon cher Polynice!

ISMÈNE.

Étéocle! ô mon frère!

ENSEMBLE.

Et nous plus misérables sœurs!

226   ANTIGONE ET ISMÈNE.

ANTIGONE.

Éclatez, mes sanglots!

ISMÈNE.

Coulez, coulez, mes pleurs!

HYMNE A VÉNUS.

> Hominum divumque voluptas,
> Alma Venus!
> LUCRECE

Vénus! ô volupté des mortels et des dieux!
    Ame de tout ce qui respire,
Tu gouvernes la terre, et les mers, et les cieux;
    Tout l'univers reconnaît ton empire!
Des êtres différens les germes précieux,
Qui dorment dispersés sous la terre ou dans l'onde,
    Rassemblés à ta voix féconde,
Courent former les corps que tu veux enfanter.
Les mondes lumineux roulent d'un cours paisible,
L'un vers l'autre attirés, unis sans se heurter,
    Par ton influence invisible!

Tu parais, ton aspect embellit l'univers
Je vois fuir devant toi les vents et les tempêtes;

L'azur éclate sur nos têtes ;
Un jour pur et divin se répand dans les airs.

L'onde avec volupté caresse le rivage:
Les oiseaux, palpitans sous leur toit de feuillage,
Célèbrent leurs plaisirs par de tendres concerts.
Des gouffres de Thétis tous les monstres informes
    Font bouillonner les flots amers
Des élans amoureux de leurs masses énormes.
Les papillons légers se cherchent sur les fleurs,
Et par un doux hymen confondent leurs couleurs.
L'aigle suit dans les cieux sa compagne superbe :
Les serpens en sifflant s'entrelacent sous l'herbe :
Le tigre, dévoré d'une indomptable ardeur,
Terrible, l'œil sanglant et la gueule écumante,
Contemple, en rugissant d'amour et de fureur,
La sauvage beauté de son horrible amante.

Tout ressent de Vénus la puissante chaleur ;
Tout produit : les vallons, les fleuves, les montagnes.
La rose se parfume et le chêne verdit ;
Au fond de l'Océan la perle s'arrondit,
Et les palmiers en fleurs fécondent leurs compagnes.

Cependant les Sylvains, brûlés des mêmes feux,
   Pressent la nymphe palpitante
   Qui tremble dans leurs bras nerveux,
   Et de désir et d'épouvante[1]...

La déesse sourit aux mortels enchantés.
Elle entend s'élever du milieu des cités,
De l'épaisseur des bois, du sein des mers profondes,
Un murmure confus de cent bruits amoureux,
   Et ce concert voluptueux
Est l'hommage éternel des êtres et des mondes.

ODE.

> Neque harum, quas colis, arborum
> Te, præter invisas cupressos,
> Ulla brevem dominum sequetur
> HORACE.

Déjà l'aurore aux mains vermeilles
Sème les roses du matin;
Va, jeune esclave, sous ces treilles
Porter les coupes du festin.
Que ces flacons dont la vieillesse
Promet à la soif qui nous presse
Un nectar long-temps respecté,
Rafraîchis par des eaux limpides,
M'apportent dans leurs flancs humides
Le délire et la volupté.

C'est ainsi qu'une aimable ivresse
Loin de moi chasse la douleur,
De mes jours la mort est maîtresse :

Je suis maître de mon bonheur.
Quand l'aveugle destin l'outrage,
Amis, le véritable sage
S'enveloppe de sa vertu.
Dédaignant la plainte importune,
Il rit, et boit à la Fortune,
Qui pensait l'avoir abattu.

Des beaux arbres qui m'ont vu naître,
Les cyprès doivent seuls un jour,
Derniers compagnons de leur maître,
Le suivre à son dernier séjour.
Mais que parfois la vigne encore,
Sur nos fronts, que son jus colore,
Courbe ses fortunés berceaux,
Avant que le cyprès fidèle
Balance son ombre éternelle
Sur le marbre de nos tombeaux.

O Naïs ! par la mort cruelle
Quand mon arrêt sera porté,
Approche, la douleur t'appelle
Où t'appelait la volupté.

ODE.

Réponds à ma voix défaillante,
Soulève ma tête tremblante,
De ton souffle viens m'embraser ;
Ah! que sur tes lèvres de flamme
Je puisse déposer mon ame!
Que j'expire dans un baiser!

Alors que ma froide paupière
Pressera mes yeux à jamais,
O Naïs! pour faveur dernière.
Couronne-moi de myrtes frais.
Paré comme en un jour de fête,
Sur un bras inclinant ma tête,
Une coupe vide à la main,
J'offrirai la riante image
De ce convive heureux et sage
Qui sommeille après un festin.

Toi-même, à la clarté ravie,
Tu dois fermer tes yeux si beaux ;
Mais un jour l'éternelle vie
Sortira du sein des tombeaux.
Comme deux époux de la veille,

Qu'un tendre souvenir éveille,
Aux premiers rayons du matin;
Surpris et charmés de renaître,
Ensemble nous verrons paraître
L'aurore d'un jour sans déclin.

A MES AMIS.

Fugaces
Tibullum anni.
HORACE

O mes amis, que ce banquet m'enchante !
J'aime ces jeux, ce désordre et ces cris,
Des vins fumans la pourpre étincelante,
Ces fruits épars et ces joyeux débris.

Dans soixante ans, quand l'âge impitoyable
Fera trembler les flacons dans ma main,
Puisse Bacchus nous rassembler à table,
Et nul de nous ne manquer au festin !

Nous chanterons d'une voix moins sonore ;
Mais que Bacchus dicte nos derniers vers :
Buvons à lui, qu'un jus brûlant colore
Nos fronts pâlis par quatre-vingts hivers !

Plongeons nos sens dans une heureuse ivresse :
Le lierre, amis, sied bien aux cheveux blancs;
Ses rameaux verts couvrent de leur jeunesse
Les vieux ormeaux dépouillés par les ans.

AU VALLON D'ARGENTOL.

Quem juvat immites ventos audire cubantem !
. . . .
Aut gelidas hibernus aquas quum fuderit Auster,
Securum somnos, imbre juvante, sequi
Hoc mihi contingat ! .

TIBULLE

Retraite d'Argentol, vallon tranquille et sombre,
Qu'habitent le travail, la paix et le bonheur,
Que j'aime à respirer ce reste de fraîcheur,
A l'ardeur des étés échappé sous ton ombre!
Le zéphire se plaît dans tes longs peupliers;
Ces monts, où deux forêts balancent leur verdure,
Environnent ton sein d'une double ceinture.
Courbez-vous sur mon front, rameaux hospitaliers;
Source fraîche, où ma main recueille une onde pure,
Reviens par cent détours aux bords que tu chéris;
Poursuis, que ton murmure, en charmant mes oreilles,
Se mêle au bruit léger de cet essaim d'abeilles,
Qui vole en bourdonnant sur les buissons fleuris.
Des chênes ébranlés mutilant les racines,

AU VALLON

Puissent les noirs torrens, dont le cours inégal
Dans un lit de gravier gronde au pied des collines,
Ne jamais obscurcir ton paisible cristal !
Puissent le dieu des champs et ses nymphes divines
Écarter loin de toi le chasseur inhumain,
Quand, l'oreille aux aguets, sortant du bois voisin,
La biche au pied léger, ou le chevreuil timide
Vient se désaltérer à ta source limpide !
Ah ! si jamais le ciel, soigneux de mes plaisirs,
Fixe ma vie errante au milieu de ces plaines,
Je veux que leur enceinte enferme mes désirs,
Que mon travail soit libre ainsi que mes loisirs :
J'y veux couler en paix des jours exempts de peines.
Quand l'ardent Sirius blanchit l'azur des cieux,
Quel bonheur de fouler des herbes verdoyantes ;
Ou dans des nuits d'hiver, quand un vent pluvieux
Vient battre à coups pressés les vitres frémissantes :
De rêver à ce bruit qui vous ferme les yeux !
Si je meurs entouré de riantes images,
Je ne veux pour tombeau que ces gazons épais.
Les passans, fatigués de quelques longs voyages,
Pourront s'y reposer sous des peupliers frais :
Mon ombre écartera de leur couche tranquille
L'insecte malfaisant, le reptile odieux :
Un regret, un soupir, en quittant ces beaux lieux.

Me paîront au-delà mes soins et mon asile.
Voilà mes seuls désirs : puissent-ils plaire aux dieux !
O vallon fortuné, paisibles promenades,
Tout ce faste imposant que Paris va m'offrir,
Ces palais, ces jardins et leurs tristes Naïades,
Du besoin de vous voir ne me sauraient guérir ;
Entre vos monts altiers, au bruit de vos cascades,
Que ne m'est-il donné de vivre et de mourir !

STANCES.

Θαιείν μὲ δεῖ, κἄν μὴ θελῶ.
ANACRÉON.

Vivons heureux, la mort est sur nos pas,
Que du néant tout ici nous instruise,
Et la liqueur que notre soif épuise,
Et le cristal brisé dans nos ébats!
De ce flambeau la lueur passagère
Nous dit encor qu'il faut chasser l'ennui :
Buvons, amis, tandis qu'il nous éclaire;
Chacun de nous peut mourir avant lui.

Que, poursuivant des trésors incertains,
Le voyageur traîne une vie errante,
Dispute aux flots la perle transparente,
Et les parfums aux sables africains!
L'encens lointain caché dans la Libye
Vaut-il les fleurs dont se couvrent nos vins?

Et l'ambre épars aux rives de l'Asie,
L'ambre doré qui rit sur les raisins?

Les descendans d'un comte ou d'un baron
En char pompeux font voler la poussière;
Le médaillon qui brille à la portière,
Promène aux yeux l'éclat de leur blason;
Mais les coursiers gênés par mille entraves,
Étincelans d'une impuissante ardeur,
Du frein doré sont cent fois moins esclaves
Que nos barons de leur triste grandeur.

Qu'on porte envie au pontife romain;
Son corps glacé dans la pourpre frissonne,
Son front fléchit sous la triple couronne,
Les saintes clefs lassent sa faible main;
L'ennui l'assiége, et la goutte assassine,
Rongeant les nœuds de ses doigts inégaux,
Va se cacher sous la bague divine
Dont la vertu guérit de tous les maux.

Quand l'urne d'or enfermait ses héros,

Rome honorait leurs ombres consulaires.
Pour leur bâtir des palais funéraires,
Elle épuisa les marbres de Paros.
Vaine grandeur! les ans, dans leur naufrage,
Ont entraîné ces pompeux monumens :
Anacréon n'a laissé qu'une page,
Qui flotte encor sur l'abîme des temps.

Lisons ses vers, imitons ses plaisirs.
Gais sans transports, délicats sans mollesse,
Sur nos besoins réglons notre sagesse;
En vains projets n'usons point nos désirs,
N'immolons pas notre belle jeunesse
Au fol espoir d'en prolonger le cours :
Enfin, rendons au néant qui nous presse
Des jours remplis plutôt que de longs jours.

IMITATION

d'une scène

DE L'HÉCUBE D'EURIPIDE.

HÉCUBE, POLYXÈNE, ULYSSE, gardes.

ULYSSE.

...... Forcé de remplir un devoir trop sévère,
Je viens porter le deuil dans l'ame d'une mère;
Mais Achille commande, Achille est écouté :
A regret j'accomplis l'arrêt qu'il a dicté.

HÉCUBE.

Achille, ce bourreau de toute ma famille,
Vivant, tua mon fils; mort, égorge ma fille!...
O trop heureux Hector! c'est moi qui te survis
Pour mourir chaque jour dans chacun de mes fils,
Pour rester seule au monde et périr la dernière,

Sans trouver un ami qui ferme ma paupière!

(A Ulysse qui fait un pas vers Polyxène.)

J'ai droit à la pitié, l'obtiendrai-je de toi?
Cruel, arrête, écoute!... Ulysse, écoutez-moi.

ULYSSE.

Je sais quel saint respect tant de malheur réclame;
Parlez.

HÉCUBE.

Vous souvient-il du jour où, dans Pergame,
Caché sous un faux nom, déguisant vos projets,
Vous veniez des Troyens surprendre les secrets?
Hélène pénétra cet important mystère;
Seule de son secret je fus dépositaire.
Ulysse, quel Troyen ne vous eût condamné?
A mes pieds, sans espoir, vous étiez prosterné,
Et, glacé par la mort à vos regards présente,
Vers moi vous étendiez une main suppliante;
N'étais-je pas alors arbitre de vos jours?

ULYSSE.

D'un seul mot votre bouche en eût tranché le cours,
Vous pouviez me punir.....

HÉCUBE.

Je le devais peut-être,

DE L'HÉCUBE D'EURIPIDE.

Ingrat! et ma pitié ne te fit point connaître.
Je t'épargne un trépas honteux et mérité ;
Tu me dois tout, l'honneur, le jour, la liberté,
Et tu veux m'accabler, et, pour reconnaissance,
Tu prends un soin cruel d'irriter ma souffrance.
Sur l'esprit des soldats, que ton art a séduit,
L'ouvrage de mes pleurs par toi seul est détruit ;
Pour Achille et les Dieux c'est toi qui les décides.
Les Dieux commandent-ils à vos mains parricides
De traîner des captifs sous le couteau mortel,
Comme de vils troupeaux réservés à l'autel?
Mais je veux que, flatté d'une pareille offrande,
En faveur d'un héros le ciel vous le commande.
Est-ce à moi d'honorer de ce tribut sanglant
Celui dont les exploits ont déchiré mon flanc?
Faut-il sacrifier ma fille à sa mémoire?
Doit-elle de ses jours payer votre victoire?
Pour mourir sous vos coups quels sont ses attentats?
Elle n'a point causé nos funestes débats,
Et, brûlant sur ces bords d'une flamme adultère,
Appelé dans nos champs la famine et la guerre.
Une autre a divisé les Grecs et les Troyens ;
Elle seule a perdu vos guerriers et les miens.
De son crime au tombeau qu'elle emporte la peine :
Justifiez les Dieux en punissant Hélène.

Mais respectez ma fille, épargnez mes vieux ans;
Laissez-moi cet appui de mes pas chancelans.
Près d'elle mes douleurs me semblent moins amères,
En elle je retrouve et son père et ses frères.
C'est me ravir encor tout ce que j'ai perdu
Que m'enlever ce bien par qui tout m'est rendu,
Ce doux et cher trésor qui me reste de Troie,
Mon guide, mon espoir, ma famille et ma joie.
Ecoutez ma prière et soyez généreux;
Instruit par vos malheurs, plaignez les malheureux.
Ulysse, par ma voix l'équité vous supplie
De ne point opprimer qui vous sauva la vie.
Qu'un service passé vous parle ici pour nous.
Je vous vis à mes pieds, j'embrasse vos genoux;
Je vis couler vos pleurs, tournez sur moi la vue,
Contemplez l'infortune où je suis descendue.
Moi, veuve de Priam, j'implore vos regards,
Et je baise la main qui livra nos remparts :
Oui, vous nous défendrez, vous serez notre asile;
Sauvez-nous, retournez vers le tombeau d'Achille.
De remords combattu, Pyrrhus doit hésiter :
Atride à vos discours ne pourra résister;
Vous saurez dans les cœurs réveiller la clémence;
Vous fléchirez les Grecs, et si votre éloquence
De Calchas et des Dieux désarme le courroux,

Vous ferez plus pour moi que je n'ai fait pour vous.

ULYSSE.

Que ne m'est-il permis de remplir votre attente,
Et de soustraire aux Dieux votre fille innocente !
Si mon intérêt seul m'ordonnait d'obéir,
Je n'hésiterais pas, Hécube, à le trahir;
Mais le salut des Grecs défend que je balance.

HÉCUBE.

Je ne puis ébranler sa féroce constance.
Ta douce voix, tes pleurs sont mon unique espoir :
Parle-lui; c'est à toi d'essayer ton pouvoir.

POLYXÈNE.

Vous détournez les yeux, Seigneur; votre courage
D'un regard suppliant redoute le langage;
Faible contre mes pleurs, il craint de s'attendrir.
Ne vous alarmez pas; je suis prête à mourir.
Quand j'ai vu de si haut s'écrouler ma fortune,
Puis-je encor regretter une vie importune ?
L'hymen me promettait un illustre avenir;
Au sang de mes aïeux les rois fiers de s'unir,
Déposaient à mes pieds l'orgueil du diadème.
Priam, semblable aux Dieux dont la bonté suprême
Devait de son empire éterniser le cours,

Eût régné leur égal, s'il eût régné toujours.
Ce monarque n'est plus, et moi je suis captive.
Vous m'ouvrez une route à l'infernale rive,
Et je balancerais! et je vivrais encor,
Pour voir ma liberté marchandée à prix d'or!
Et j'irais dans les murs d'une ville ennemie
Traîner de mes destins l'horreur et l'infamie !
Un hymen flétrissant unirait, dans Argos,
La race d'un esclave à celle des héros !
Parlez; quel est le sort le plus digne d'envie :
La gloire avec la mort, l'opprobre avec la vie ?
Qui choisit son destin est libre dans les fers;
Je le suis, j'ai choisi, finissez mes revers.
Au trépas qui m'attend, sans terreur je me livre;
Console-toi, Priam, ta fille va te suivre;
Et toi, dont le courage a passé dans mon cœur,
Hector, ouvre tes bras pour recevoir ta sœur!

HÉCUBE, aux soldats.

Foulez donc sous vos pieds une mère éperdue.
Lâches, par son danger la force m'est rendue.....
Qui pourra désunir nos bras entrelacés ?

ULYSSE.

Aux ordres de vos rois, soldats, obéissez.

POLYXÈNE.

Ah! seigneur, épargnez sa tendresse imprudente.
Ma mère, voulez-vous qu'une foule insolente
Ose, dans ses fureurs, souiller vos cheveux blancs?
Voulez-vous qu'elle insulte à mes restes sanglans,
Et que, pour vous punir, une dernière injure
Vous condamne à les voir privés de sépulture?.....
Obéissons aux Grecs, il les faut désarmer;
A la clarté du ciel mes yeux vont se fermer.

HÉCUBE.

Sans moi dans les enfers tu descendras, ma fille!

POLYXÈNE.

Polyxène aux enfers trouvera sa famille.

HÉCUBE.

Et moi qui vieillirai sous le poids des douleurs,
Aux flots de l'Eurotas j'irai mêler mes pleurs.

POLYXÈNE.

Pour vous aux sombres bords que dirai-je à mon père?

HÉCUBE.

Dis-lui que ton trépas a comblé ma misère.

POLYXÈNE.

Que dire à votre Hector?

HÉCUBE.

Que Pergame n'est plus ;
Qu'Andromaque gémit dans les fers de Pyrrhus.

POLYXÈNE.

Adieu, ma mère! adieu, rivages du Scamandre!
Lieux sacrés, où demain reposera ma cendre!
Chers débris d'Ilion, tombeaux de mes aïeux,
Champs où régnait Priam, recevez mes adieux.
Vous, malheureuse Hécube, ô vous dont la tendresse
Pour un plus beau destin éleva ma jeunesse,
Ma mère, embrassez-moi... pressez-moi dans vos bras...
Je vous quitte, il le faut, ne me retenez pas.
De nos derniers tourmens épargnons-nous la vue,
Votre douleur m'accable, et ma douleur vous tue.....

DISCOURS,

ÉPITRES

ET POÉSIES DIVERSES.

DITHYRAMBE

SUR LA NAISSANCE DU ROI DE ROME.

« Destin, qui m'as promis l'empire de la terre,
« Tu disais : Rome, un jour souveraine des rois,
  « Les verra, courbés sous ses lois,
« Devant elle abaisser leur sceptre tributaire;
« Rome au monde asservi dictera ses arrêts.
« Où sont ces rois captifs, ces tributs, ces hommages,
« Et ce sceptre vainqueur des peuples et des âges?
    « Destin, qu'ont produit tes décrets?

« Ma gloire a disparu comme une ombre légère;
    « Autour de moi je vois épars
« Les antiques débris du trône des Césars,
    « Ensevelis dans la poussière.
« Où marchaient mes soldats, où flottait leur bannière,
    « Je n'aperçois que des tombeaux;
« Et, déchu pour jamais de sa splendeur première,

« Un peuple de vaincus ose fouler la terre
    « Où dort un peuple de héros. »

Rome ! ne gémis plus sur tes foudres éteintes,
Au séjour du destin ont pénétré tes plaintes,
Et, de son antre obscur, aussi vieux que le temps,
La voûte prophétique a redit ces accens :

« Que la cité de Mars à ma voix se console ;
« Un nouveau Jupiter, garant de mes décrets,
    « Va présider au Capitole ;
« O monts du Latium, inclinez vos sommets !
« NAPOLÉON va rendre à l'antique Ausonie
« Ses lauriers, sa splendeur, son trône, son génie.
    « Rome, tes destins vont changer ;
« La France, sur ses pas, t'appelle à la victoire,
    « Elle ne peut céder sa gloire,
    « Mais elle peut la partager.

« Pour soutenir le poids du sacré diadème
« Qui doit à tes grandeurs bientôt t'associer,
    « Du héros la bonté suprême

« Te promet un autre lui-même,
« De ses vertus immortel héritier. »

Mais déjà le ciel te le donne ;
L'éclair luit, les airs sont troublés,
Et dans les temples ébranlés
L'airain pieux tremble et résonne.
La foudre a retenti cent fois :
« Quel est celui que le tonnerre
« En grondant annonce à la terre ?
« C'est le fils du plus grand des rois ! »

Salut, doux espoir de la France !
Gloire au guerrier fils du guerrier !
A peine il vient de naître,... et l'univers entier
A retenti de sa naissance.

Déjà l'aigle romaine, au vol audacieux,
Va prendre son essor et planer dans les cieux ;
Ces fils de Romulus, dont vingt siècles de gloire
Protégent les exploits passés,
Tremblent de les voir éclipsés

Par cet illustre enfant qu'adopte la victoire :
>L'astre de Jule en a pâli,
>Et sous le marbre solitaire,
>
De ses restes glacés muet dépositaire,
>César a tressailli.

Quel auguste appareil! quels pompeux sacrifices!
Aux autels de son Dieu, dans les saints édifices,
>La France est à genoux!

Quel immense concours assiége ces portiques!
Ministres du Seigneur, redoublez vos cantiques!
>O temples, agrandissez-vous!

>Sous ces voûtes religieuses
Où flottent de vingt rois les dépouilles fameuses,
Mobiles monumens des exploits d'un héros,
Ce peuple ne vient pas, dans sa reconnaissance,
>Du dieu guerrier, protecteur de la France,
>Chanter les triomphes nouveaux.
Un besoin plus touchant que celui de la gloire
>A guidé les Français ravis;
Et l'hymne de la paix résonne en ces parvis,
Naguère accoutumés aux chants de la victoire.

Le Danube est ému jusqu'au fond de ses eaux,
 Et secouant sa chevelure humide,
Il s'élance joyeux de son palais liquide,
 Le front ceint de roseaux.

 Mais quelle sublime harmonie
 Soudain retentit sur ses bords!
 Des vierges de la Germanie
 Qui dira les divins accords?
 Un dieu lui-même les inspire,
 Un dieu leur a prêté sa lyre,
Et la corde sonore a frémi sous leurs doigts.
C'est toi que leur voix chante, aimable souveraine,
Toi, dont les jeunes mains ont désarmé la haine,
Toi, la fille, l'épouse et la mère des rois.

Tu parus : aussitôt les peuples de la France
Entourèrent ton char de leur concert joyeux ;
 Devant toi marchait l'espérance,
 Et ce jour à jamais heureux
D'un jour plus doux encor nous donne l'assurance.
Jeune immortelle, il naît de ton sein généreux
Ce fils que ta présence annonçait à l'Empire,

Un doux transport déjà se mêle à tes douleurs,
Et sur ces traits souffrans où la beauté respire,
Le souris maternel brille au milieu des pleurs.

    Telle, dans sa course légère,
    Dissipant un brouillard obscur,
    Du jour l'aimable messagère
    Apparaît sur son char d'azur
    A la terre qui se réveille,
    La déesse, de sa corbeille
    Prodiguant les trésors divers,
    Par ses pleurs et par son sourire
    Annonce le dieu dont l'empire
    Va s'étendre sur l'univers.

Reçois, royal enfant, les vœux de la patrie :
Qu'un laurier paternel ombrage ton berceau !
Que la gloire et les arts, qui charmeront ta vie,
Consacrent à jamais le règne le plus beau !
Enfant chéri du ciel, attendu de la terre,
    Promis à la postérité,
Puisses-tu, sous les yeux de ton auguste père,
    Croître pour l'immortalité !

Et vous, peuples heureux qui couvrez ces rivages;
O vous dont sa naissance a comblé tous les vœux,
    Goûtez un bonheur sans nuages
Qui doit s'étendre un jour à nos derniers neveux.
    Bannissez la crainte importune;
Par un vent favorable en sa course entraîné.
Le vaisseau de l'État, de gloire environné,
    Porte César et sa fortune.

LA DÉCOUVERTE
DE LA VACCINE.

DISCOURS EN VERS.

Quels titres n'ont-ils pas à l'amour des humains
Ces mortels inspirés, dont les savantes mains
Pour nous de la nature ont percé les mystères,
Dans des cercles connus ont fait rouler les sphères,
Et, sondant l'infini, peuplé ces profondeurs
D'immobiles clartés et de feux voyageurs?
Leur sublime génie, à travers les nuages,
Osa ravir aux cieux le secret des orages;
A l'aide du cristal en prisme façonné,
Divisa les rayons du soleil étonné;
Expliqua des couleurs les brillans phénomènes,
Et de notre pensée agrandit les domaines.
Mais reculer l'instant qui nous plonge au tombeau,

Des misères de l'homme alléger le fardeau,
Détruire sans retour ce mal héréditaire
Que l'Arabe a transmis au reste de la terre *,
Qui trop souvent mortel, toujours contagieux,
D'une lèpre inconnue a frappé nos aieux,
Qui n'épargne le rang, ni le sexe, ni l'âge,
C'est le plus beau laurier dont se couronne un sage.
Quelquefois le hasard nous prête son flambeau,
Pour éclairer nos pas dans un sentier nouveau.

Au fond du Glocester, dont les vertes campagnes
Nourrissent des taureaux les utiles compagnes,
Jenner opposait l'art à ce fléau cruel,
Tribut que la naissance impose à tout mortel.
Ses bienfaisantes mains prévenaient la nature,
Et, déposant au sein d'une heureuse blessure
Du poison éprouvé le germe moins fatal,
Transmettaient à la fois le remède et le mal **.
C'est ainsi qu'avant nous les peuples de l'Asie
Préservaient ces beautés, trésors de Circassie,
Qu'un avide intérêt, par ce triste secours,
Aux ennuis du sérail condamnait pour toujours.

---

* On sait que les soldats d'Omar apportèrent la petite vérole en Égypte, d'où elle se répandit dans le reste du monde.

** Jenner inoculait à Berkley, lorsqu'il découvrit la vaccine.

Mais c'est peu d'arrêter le torrent dans sa course,
Et Jenner plus heureux en doit tarir la source.
Le bien dans tous les arts n'est qu'un pas vers le mieux.
Tandis que dans Berkley ses loisirs studieux
Contemplent les troupeaux des fécondes génisses,
D'un mal, qui le surprend, les fraîches cicatrices
Ont fixé tout à coup ses yeux observateurs.
« Quelquefois, lui dit-on, de malignes humeurs
« S'arrêtent sous les chairs de la mamelle ardente.
« Le trayon douloureux que la fièvre tourmente,
« Hérissé de tumeurs, couvert d'un pâle azur,
« Prodigue moins les flots de son lait encor pur *,
« Et pressé par les doigts du berger trop avide,
« Distille goutte à goutte une liqueur limpide **.
« Ces venins pénétrans empoisonnent la main
« Qui brise leur prison et leur ouvre un chemin;
« Mais sitôt qu'un pasteur en a senti l'atteinte,
« Il n'est plus tourmenté par la commune crainte :
« Le fléau dont vos soins viennent purger ces lieux,
« Emousse contre lui ses traits contagieux. »

Jenner entend ces mots, et sa route est tracée.

---

* Le lait moins abondant n'éprouve aucune altération
** La limpidité est un des caractères principaux qui distinguent le bon vaccin (Husson)

Il marche, il touche au but que poursuit sa pensée.
Par le fer délicat dont il arme ses doigts,
Le bras d'un jeune enfant est effleuré trois fois.
Des utiles poisons d'une mamelle impure,
Il infecte avec art cette triple piqûre.
Autour d'elle s'allume un cercle fugitif.
Le remède nouveau dort long-temps inactif.
Le quatrième jour a commencé d'éclore,
Et la chair par degrés se gonfle et se colore.
La tumeur en croissant de pourpre se revêt,
S'arrondit à la base et se creuse au sommet.
Un cercle plus vermeil de ses feux l'environne ;
D'une écaille d'argent l'épaisseur la couronne ;
Plus mûre, elle est dorée ; elle s'ouvre, et soudain
Délivre la liqueur captive dans son sein.
Puisez le germe heureux dans sa fraîcheur première,
Quand le soleil cinq fois a fourni sa carrière.
Si la douzième nuit a commencé son cours,
Souvent il offrira d'infidèles secours.
A peine les accès d'une fièvre légère
Accompagnent les pas de ce mal volontaire,
Et l'ennemi secret par lui seul combattu,
Chassé de veine en veine, expire sans vertu.

O triomphe immortel dans les fastes du monde !

Beauté, fille des cieux, toi dont la main féconde
Se plaît à varier ses trésors enchanteurs,
Joint la forme élégante à l'éclat des couleurs,
Imprime au front de l'homme une mâle noblesse,
Et d'un sexe adoré fait régner la faiblesse;
Premier lien des cœurs et volupté des yeux,
Beauté, toi dont l'éclat sur des traits gracieux,
Détruit avant le temps, passait comme un sourire,
Nous pourrons désormais prolonger ton empire.

Mais le bruit du prodige à Londres se répand.
Recueilli dans la plaie, un philtre bienfaisant,
Fixé sur des tissus, prisonnier sous le verre,
Sans perdre son pouvoir traverse l'Angleterre.
Pour Jenner chaque épreuve est un succès nouveau.
Vainqueur, devant ses pas il chasse le fléau.
En vain dans ses fureurs une ignorance altière,
Un bandeau sur les yeux, insulte à la lumière;
Le fanatisme, en vain contre lui déclaré,
Environne l'erreur de son rempart sacré;
Où règne la raison, l'erreur est sans défense;
L'Angleterre examine, approuve et récompense.
L'Anglais, né libre et fier, aime la vérité;
Il la cherche, il la trouve, il marche à sa clarté.
Estimé des Français, il leur doit son estime;

Mais avare en tout temps d'un tribut légitime,
Sans accorder l'éloge, il le veut obtenir
Rivaux, si l'intérêt a pu nous désunir,
La justice en nos cœurs ne dut jamais s'éteindre :
Deux grandes nations s'admirent sans se craindre !
Voyez loin d'Albion ces Anglais courageux,
A travers les écueils, sur les flots orageux,
Du secret de Jenner propageant les merveilles,
Semer sur d'autres bords l'heureux fruit de ses veilles.
Fendez le sein des mers, hardis navigateurs !
Les autans enchaînés suspendent leurs fureurs ;
Un dieu veille sur vous, un dieu doit vous conduire.
Abandonnez la voile au souffle du zéphire,
Le ciel est pur, la nuit prodigue ses flambeaux,
Et les sœurs de Thétis entraînent vos vaisseaux.
Déjà vous atteignez, par-delà le Tropique,
Le vaste continent que baigne l'Atlantique.
Le vaccin voyageur parcourt ces bords lointains
Où le moka doré mûrit pour nos festins,
Et ces vallons peuplés de jeunes bayadères,
Dont Madras a tissu les parures légères.
Il pénètre à Bagdad, aux murs de Bassora
Que le myrte enrichit des larmes de Myrrha,
Dans ces champs, où de loin le voyageur admire
Quelques débris épars des grandeurs de Palmire,

DE LA VACCINE.

Aux lieux où Constantin a fondé ses remparts,
Et sous le ciel glacé de l'empire des Czars.
Mais volons sur ses pas aux rives de la France.
Le bruit de ses bienfaits vainement le devance;
La folle confiance, aux regards effarés,
Adopte les récits par l'effroi consacrés.
Des crimes de Jenner quelle absurde chronique !
L'un croit trouver la mort dans ce philtre magique;
L'autre croit voir sa fille, errante aux pieds des monts,
Fouler, nouvelle Io, le thym et les gazons*;
Et chacun, s'obstinant dans l'erreur qui l'obsède,
Veut expirer du mal, par la peur du remède.
Un plus hardi paraît, et seul mieux inspiré,
Hasarde un premier pas trop long-temps différé.
Son audace est heureuse, un autre se rassure;
Un troisième après lui veut tenter l'aventure.
Chaque jour est marqué par de nombreux essais :
Paris donne l'exemple au reste des Français :
Aux leçons de Paris la province est docile,
Et bientôt le village ose imiter la ville.

Loin du toit fastueux par le riche habité,

---

* Quelques habitans de la campagne, même dans les environs de Paris, ont poussé la folie jusqu'à croire que le vaccin pouvait leur faire prendre la forme de l'animal qui le fournit

J'ai vu dans les hameaux la sainte humanité,
A des travaux pieux consacrant ses lumières,
De la contagion affranchir les chaumières.

Quand sous l'humble clocher du temple villageois,
L'airain qui frappe l'heure avait frémi deux fois,
Vêtu, comme aux beaux jours, de sa blanche tunique,
Le chantre précédé d'un tambour pacifique,
Du docteur redouté proclamait le retour;
Femmes, enfans, vieillards se pressent à l'entour.
Ce mortel si terrible à leurs yeux se présente.
Ses regards paternels dissipent l'épouvante,
Il rassure la mère, il sourit aux enfans,
Il prédit au vieillard qu'il doit vivre cent ans.
Sous le chaume bientôt la foule se rassemble;
On entre, on est assis, de nouveau chacun tremble.
Ils répondent par ordre à l'appel du pasteur;
Une bourse à la main, de loin le bon docteur
Montre au plus intrépide un prix de sa vaillance;
Le magister sourit d'un air de défiance,
Et les traces d'un mal, qu'il a trop mérité,
Ont gravé sur son front son incrédulité.
L'instant fatal approche; il faut qu'on se décide...
Des assistans nombreux quel est le moins timide?
Qu'il se signale! Il vient: tous au fer menaçant

Vont offrir tour à tour un bras obéissant.
Debout au milieu d'eux, le Nestor du village
Tout bas par ses discours affermit leur courage.
Une mère l'écoute, et, les pleurs dans les yeux,
Inquiète, à son fils adresse ses adieux,
Le présente au docteur et soudain le retire,
Puis le présente encor, se détourne et soupire.
L'un affecte un grand cœur que son trouble dément;
L'autre rougit, pâlit et pleure franchement;
Leur voisin en héros affronte la piqûre,
Après ce bel exploit, plus fier de sa blessure,
Qu'un vieux soldat français mourant pour son pays
Dans les champs de Rocroi, de Lens ou d'Austerlitz.

Cependant à regret leur bienfaiteur les quitte.
Quelques jours écoulés, un soir il les visite.
Ce n'est plus la terreur qu'il fait naître aujourd'hui :
Ses malades charmés sautent autour de lui;
Le plus jeune d'entre eux l'embrasse et le caresse;
Leurs visages vermeils respirent l'allégresse;
Ils devancent ses pas d'un air leste et dispos.
Leurs complimens naïfs, leurs aimables propos,
La verdeur des vieillards, la fraîcheur de leurs filles,
La joie et la santé de toutes les familles,
Attestent le pouvoir d'un art libérateur,

Et tous, sans le connaître, en bénissent l'auteur.

Adopte ce bienfait, ô France ! ô ma patrie !
Après tant de revers qui ne t'ont pas flétrie,
En dépit des vainqueurs, forcés de t'admirer,
Quel beau siècle pour toi semble se préparer !
Je vois de toutes parts une race nouvelle
S'élever dans ton sein plus nombreuse et plus belle.
La nature vaincue en respecte la fleur.
Plus tard, étincelans de grace et de vigueur,
Ces jeunes nourrissons peuplent tes champs fertiles ;
Laboureurs au village, artisans dans les villes,
Par l'équité sévère armés du fer des lois,
Admis à la tribune à discuter nos droits,
Ardens, prêts à donner tous les trésors de l'Inde
Pour les lauriers de Mars ou les palmes du Pinde !
Croissez, nobles enfans, l'espoir du nom français ;
Par la guerre illustrés, soyez grands dans la paix.
Si quelque roi jaloux insulte à votre gloire,
Couronnez votre front d'une double victoire :
Régnez par les beaux-arts sur ses peuples soumis,
Et soyez sans rivaux comme sans ennemis.

DISCOURS

d'ouverture

DU SECOND THÉATRE FRANÇAIS*.

De ce triple salut ne prenez nul ombrage ;
Je ne viens point, porteur d'un sinistre message,
Annoncer en tremblant qu'un Grec ou qu'un Romain
Ce soir donne à l'affiche un démenti soudain ;
Qu'Oreste, moins zélé pour une amante ingrate,
Renonce à conspirer, par ordre d'Hippocrate ;
Ou que le roi des rois, désertant ses états,
S'est enfui pour Bordeaux sans réveiller Arcas :
Nous avons su trouver, loin des sentiers vulgaires,
Des rois à résidence et des dieux sédentaires,
Nourris dès le berceau dans de vieux préjugés,
La crainte du parterre et l'horreur des congés.

Modeste ambassadeur d'un empire comique,

---

* Ce discours fut prononcé le 23 octobre 1819.

Je viens du compliment suivre l'usage antique ;
Je viens ressusciter, dès nos premiers essais,
Un des statuts sacrés du Théâtre-Français.
Quand de Pâque expirant la fatale quinzaine
Par la poste, au public, ramenait Melpomène,
Au lever du rideau, les nombreux spectateurs,
Réunis pour fêter ses talens voyageurs,
Accueillaient le discours d'un héros ou d'un prince
Encor tout parfumé des lauriers de province.
Ainsi nous reviendrons complimenter Paris,
Moins chargés de lauriers, nos rivaux ont tout pris ;
Trop heureux si, glanant où leur foule moissonne,
Nous ramassons les brins tombés de leur couronne ;
Plus heureux si, par zèle artistes casaniers,
Nous pouvons, sous vos yeux, cueillir tous nos lauriers !
Vous, cependant, vous tous, qu'un amour idolâtre
Enflamme noblement pour les jeux du théâtre,
Dirigez sans rigueur nos efforts incertains ;
Soyez nos protecteurs, traitez-nous en voisins,
Vous, disciples d'un dieu que plaisanta Molière,
Et songez qu'Apollon d'Esculape est le père.
Vous aussi, de Thémis généreux nourrissons,
Reposez-vous ici de ses doctes leçons.

Puisse une ample récolte ombrager sur ces rives

Le front de nos caissiers de palmes lucratives!
Puissiez-vous, chaque hiver, braver les aquilons,
Contre un sexe craintif déchaînés sur les ponts!
Puissent les doux bravos caresser notre oreille!
Puissions-nous voir l'auteur représenté la veille,
Saluant son ouvrage, à la porte annoncé,
Sortir tout radieux de n'être point placé!
Comblez ce temple heureux de dépouilles opimes;
Mais allez dans quelque autre immoler vos victimes.
Hélas! j'ai vu nos dieux abandonnés, proscrits,
Et ce vide effrayant frappe encor mes esprits.
Alors, de l'Odéon le long pèlerinage
Étonnait un fidèle, et troublait son courage.
Si quelques voyageurs, nés au quartier d'Antin,
Découvraient l'Odéon dans ce désert lointain,
Ils l'admiraient, frappés de respect et de crainte,
Comme un vieux monument d'Athène ou de Corinthe,
Et rentraient dans Paris, sans risquer un écu
Pour voir les naturels de ce pays perdu.
Voilà, voilà, Messieurs, l'effrayante chronique
Qu'on tourne à nos dépens en récit prophétique;
Éternel entretien de l'amateur glacé
Qui lit notre avenir écrit dans le passé.
Voilà les souvenirs dont s'armait la censure
Durant les longs travaux de notre architecture.

Pourquoi sont-ils passés ces temps, ces heureux temps,
Où les murs s'élevaient au son des instrumens,
Où les rochers émus cédaient à l'harmonie
Des Lafond, des Duport de la Mythologie?
Thalie eût emprunté, pour bâtir son palais,
Notre orchestre... ou celui du Théâtre-Français,
Et nous eût épargné les sinistres augures
Qu'ont rendus contre nous les cent voix des brochures.

Deux théâtres! dit-on; mais le seul existant,
Faute d'appuis nouveaux, ne marche qu'en boitant.
Eh! Messieurs, partagez le champ le plus stérile :
Un seul le négligeait, deux le rendront fertile.
Les talens sont les fruits de la rivalité :
Souvent un fils unique est un enfant gâté.

Que n'a-t-il pas produit ce siècle de miracles,
Où le Pinde français a rendu ses oracles?
Mais, illustrés par lui, deux théâtres rivaux
Luttaient dans la carrière ouverte à ses travaux.
De Racine au combat l'un suivait la bannière,
L'autre avait arboré l'étendard de Molière;
Et l'auteur immortel du Cid et du Menteur
Versait sur les deux camps son éclat créateur.
Du zèle et des succès le public tributaire

Portait de l'un à l'autre un appui volontaire ;
Et, fidèle au talent qui charmait son loisir,
N'embrassait de parti que celui du plaisir.

Quand l'astre de Ferney n'éclaira plus la scène,
Il laissa dans la nuit Thalie et Melpomène;
Mais la rivalité, divisant leurs sujets,
Du jour qui n'était plus nous rendit les reflets.
Fabre prêtait alors à la muse comique
La mordante âpreté de sa verve caustique;
Sur les pas de Chénier, Legouvé prit l'essor;
Cet aimable Collin que Paris pleure encor,
Par l'abandon naïf de sa facile veine,
Mérita le surnom qu'ennoblit La Fontaine;
Ducis nous attendrit pour d'illustres malheurs !
Ducis, dont l'art sublime éveillait nos terreurs,
Inspiré par Shakspear qu'il imitait en maître,
Égala Crébillon, le surpassa peut-être.
Caïn, aux spectateurs, retraçait sur ces bords
L'horreur du premier crime et des premiers remords;
Tout près du Luxembourg, le vieux célibataire,
Sous les traits de Molé, captivait le parterre;
De Marius aux fers la sombre majesté
Désarmait d'un regard le Cimbre épouvanté,
Cependant qu'Othello, Polynice et son père,

Fénelon et Boulen, et Macbeth et Fougère,
Du bruit toujours croissant de leurs brillans destins,
Fatiguaient les échos des bords ultrapontains.

Quelque splendeur alors couronna nos poètes;
Mais n'ont-ils pas trouvé de dignes interprètes?
Contat, Caumont, Raucourt, Sainval et Dugazon
Laissaient-ils au besoin les enfans d'Apollon?
Fleuri, dont ce théâtre a gardé la mémoire,
Survit à nos plaisirs sans survivre à sa gloire.
Saint-Prix, digne héritier du sceptre de Brizard,
A des collatéraux vient de léguer son art;
Mais Paris se console en écoutant Oreste,
Et rit de deux jours l'un : Célimène lui reste.

Si la rivalité fut féconde en succès,
Pourquoi désespérer de ses nouveaux essais?
Un moment chaque soir ce combat dramatique
Ne peut-il dérider la sombre politique?
Animant de la voix deux empires jumeaux,
La grave déité qui préside aux journaux
Ne peut-elle au budget dérober une page,
Pour peser les destins de Rome et de Carthage?
Plus d'un guerrier captif, et long-temps sans espoir,
S'apprête à secouer la poudre d'un tiroir;

Plus d'un prince, indécis entre les deux frontières,
N'attend que nos succès pour franchir nos barrières.
Venez, tristes héros, nos bras vous sont ouverts ;
Affrontez parmi nous des flots souvent amers.
Le Permesse à la fin est pour vous navigable,
Et vous n'attendrez plus comme une ombre insolvable
Qui, suppliant Caron de la prendre au rabais,
Errait au bord du Styx sans le passer jamais !
Notre esquif lève l'ancre et va braver l'orage ;
Mais c'est peu d'un esquif, il faut un équipage.
Que le nôtre à former nous a coûté d'efforts !
Nous avons parcouru la province et ses ports,
Dépeuplé la Belgique, et du Conservatoire
Appelé dans nos rangs et l'élite et la gloire.
Si nous vous présentons quelques heureux talens,
Pardonnez des écarts à leurs nobles élans.
Faut-il rejeter l'or pour un peu d'alliage ?
Que son éclat plus pur devienne votre ouvrage.
Songez qu'avec le temps le bien se change en mieux ;
Que le plus beau talent ne prend que sous vos yeux
Ce goût, cette nature élégante et fidèle,
Ce bon ton dont Moncade emporta le modèle ;
Que le Garrick français s'éleva par degré
Aux célestes transports de Joad inspiré ;
Qu'enfin d'un geste vrai la muette éloquence

Est fille d'Apollon... et de la Patience.

Ce propos me rappelle un conte d'autrefois ;
Veuillez l'entendre : Ésope en faisait même aux rois.
Les rois, vous le savez, sont des dieux sur la terre,
Et ce qu'on dit aux dieux peut se dire au parterre.

« Dans un pays que je ne nomme point,
Pays des arts, du goût, de l'élégance,
(Il est, je crois, de votre connaissance)
Était un parc admirable en tout point.
Chose bizarre : une seule avenue
Le traversait dans sa vaste étendue.
Là s'assemblaient gens de cour et bourgeois ;
Juge, avocat, militaire, coquette,
S'y délassaient du soin de leurs emplois,
Ou des travaux d'une longue toilette.
Les orangers parfumaient ces beaux lieux ;
On y rêvait au doux bruit des fontaines.
Quels gazons frais ! quels sons mélodieux !
Les rossignols y chantaient par centaines
Toute l'année... hormis deux ou trois mois,
Où ces messieurs prenaient tous leur volée,
Couraient les champs, et laissaient dans l'allée
D'autres oiseaux, lesquels étaient sans voix.

A leur retour la foule consolée
Dans l'avenue oubliait ses ennuis.
On s'y portait : c'était la mode ; et puis...
C'était la seule. Un bon vieillard, un sage,
Dit : Mais pourquoi ne pas en avoir deux ?
Soudain on plante, on se hâte, et l'ouvrage
Va lentement ; alors c'était l'usage.
La promenade ouverte aux curieux,
Tout le monde entre, et d'abord la Critique.
Sur les défauts chaque passant s'explique.
Qui n'a les siens ? C'est bien, s'écriait-on ;
Mais peu de fleurs ! mais des arbres sans ombre !
Les rossignols n'y sont pas en grand nombre !
Des fruits, pas un ! à peine du gazon !
Oh ! l'autre allée aura la préférence.
Elle a la mienne, et j'y cours... « Patience,
Dit le vieillard qui parlait de bon sens ;
Juger trop vite à l'erreur nous entraîne.
Est-ce en deux jours que le gland devient chêne ?
Laissez grandir ces arbustes naissans,
Ils donneront du frais et de l'ombrage.
Prodiguez l'onde aux gazons délicats,
Et leur duvet s'étendra sous vos pas.
Encouragez les chantres du bocage.
Les rossignols épars sur les rameaux

Verront près d'eux s'élever des rivaux ;
Leur foule un jour couvrira ce feuillage,
Vous charmera de chants toujours nouveaux.
Toute l'année ils vous seront fidèles.....
On prendra soin de leur couper les ailes.
Laissez aux fleurs le temps de s'entr'ouvrir,
Et leurs couleurs n'en seront que plus belles.
Vienne l'automne, et les fruits vont mûrir.
Achetez donc par un peu d'indulgence
Double avenue et double jouissance. »

Suivit-on ce conseil? ce conseil fut-il vain?
Le mot de cette énigme au compliment prochain.

DISCOURS

D'INAUGURATION

POUR LE THÉATRE DU HAVRE*.

Consacré par vos soins aux neuf Sœurs de la Fable,
Enfin il est debout ce Temple interminable,
Qui, de ses fondemens sortant avec lenteur,
Long-temps d'un vain espoir flatta le spectateur,
Comme un chêne encor nain promet, à fleur de terre,
D'ombrager les neveux de son propriétaire.

Pour nous il s'est levé ce jour terrible et doux,
Ce jour qui tant de fois recula devant nous;
Aux torrens du Public enfin la porte s'ouvre,
Et sur vos bords aussi le génie a son Louvre.
Le parterre l'admire, étonné de s'asseoir
Sous un soleil nouveau qui s'allume le soir;

---

* Ce theatre a été ouvert le 25 août 1823. L'auteur est né au Havre.

Il en peut contempler la colonnade ovale,
De celle de Perrault très modeste rivale,
Les degrés somptueux, et les foyers ouverts
Sur vos bassins chargés de pavillons divers

L'armateur satisfait, pour prix de ses largesses,
Peut du sein des plaisirs calculer ses richesses,
Et dans ces lacs profonds, creusés pour son comptoir,
Voit d'un gain assuré se balancer l'espoir.
Tourne-t-il ses regards vers la scène mobile,
Une forêt qui fuit lui découvre une ville;
C'est là que Cicéri, dont les heureux pinceaux
Font frémir le feuillage et couler les ruisseaux,
A suspendu pour vous les tentes de l'Aulide,
Vous égare avec lui dans les jardins d'Armide,
Vous offre tour à tour le Caire et ses bazars,
La prison de Warvick, le palais des Césars,
Le temple de Vesta, le bosquet de Joconde,
Et vous donne en peinture un abrégé du monde.

Pour enchanter vos sens tous les arts sont d'accord;
Mais au goût qui les juge ils devaient cet effort.
Où pouvaient-ils porter d'aussi justes hommages?
Quel plaisir délicat n'a droit à vos suffrages?

C'est peu que la Neustrie étale à tous les yeux
Les opulens tributs d'un sol industrieux,
Ces pressoirs ruisselans qu'un jus doré colore,
Ces bassins de Déville, et ces prés où l'Aurore,
Qui n'a jamais quitté son époux d'un œil sec,
Vient mouiller de ses pleurs les madras de Bolbec;
C'est peu que d'Yvetot le royaume historique
Habille un peuple heureux des tissus qu'il fabrique,
Et d'un chorus de joie ébranlant les échos,
Célèbre le lundi sous les pommiers de Caux;
Votre gloire est plus belle, et l'antique Neustrie
N'est pas moins chère aux arts que chère à l'industrie.
Là, CORNEILLE naquit, et cet esprit puissant,
Qui créait à lui seul le théâtre naissant,
A devancé RACINE, et QUINAULT et MOLIÈRE,
Et son laurier normand couvre la France entière;
Là, naquit FONTENELLE, astronome mondain,
Que les Grâces suivaient un compas à la main;
Là, ce peintre éloquent, POUSSIN, dont le génie
D'un RAPHAEL français étonna l'Italie!
Sol fécond, dans tes champs le voyageur séduit
Rencontre un souvenir en savourant un fruit;
Arques, Falaise même eut ses jours de vaillance;
Et Rouen plus fameux, où, morte pour la France,
JEANNE, qui succombait sous le joug étranger,

Léguait aux cœurs normands son malheur à venger ;
Et ce clocher d'Harfleur, debout pour vous apprendre
Que l'Anglais l'a bâti, mais ne l'a pu défendre ;
Enfin votre cité, cette reine des eaux,
Par un commerce actif rivale de Bordeaux,
Rivale de Toulon par plus d'une victoire,
Qui s'illustra soi-même et suffit à sa gloire.

Oui, vous deviez un temple aux filles d'Apollon :
Elles ont eu des sœurs dans ce riant vallon ;
C'est toi que j'en atteste, aimable LAFAYETTE,
De CLÈVE et de NEMOURS muse tendre et discrète,
Qui dérobas ta vie à la célébrité
En illustrant le nom que SEGRAIS t'a prêté ;
Toi, docte SCUDÉRI, muse plus téméraire,
Lauréat féminin d'un concours littéraire.

Mais le Hâvre a vu naître un talent créateur,
Celui qui transporta sur ce bord enchanteur
Les fables et les dieux de l'Arcadie antique *.
Tout prend sous ses pinceaux un charme poétique :
La Seine est une vierge et fuit un jeune amant ;
A croire les récits de ce conteur charmant,

---

* Bernardin de Saint-Pierre.

La pomme de discorde, offerte à trois rivales,
Se brisa dans vos champs en deux moitiés égales,
Et si de noirs pépins le germe trop fécond
A semé les procès qu'on récolte à Domfront,
La blancheur de la pomme, où l'incarnat se joue,
Embellit la Cauchoise et brille sur sa joue.
Eh! qui de vous, Messieurs, quand propice aux vaisseaux,
La Hève, au sein des nuits, allume ses fanaux,
Quand la mer vient heurter de ses vagues plaintives
Les rivages de Leure et les pointes de Dives,
Quand le signal d'alarme annonce à vos nochers
Qu'une nef en débris se perd sur les rochers,
Qui de vous, plus sensible aux traits d'un beau génie,
Ne voit sur le tillac s'abîmer Virginie?
De cet amour si pur qui n'a plaint les malheurs?
Gloire au talent divin consacré par vos pleurs!
Honneur à sa patrie! Hélas! plus d'un orage
Retraça sous vos yeux cet immortel naufrage;
Plus d'une fois aussi le Havrais généreux,
Elancé dans les flots et repoussé par eux,
Pour l'humanité seule affronta la tourmente
Que Paul au désespoir bravait pour une amante;
Il affronta la mort, quand l'obus en passant
Creusait sous ses éclats le galet jaillissant,
Et qu'aux cris des vainqueurs, aux clameurs de la ville,

Aux bravos répétés des coteaux d'Ingouville,
L'amiral ennemi, foudroyé par nos forts[*],
Voyait tomber ses mâts croulant sur ses sabords.
Mais la paix vous désarme et vous rend l'opulence ;
Recueillez ses présens ; que sa douce influence
Règne aussi sur les mers que vous devez franchir ;
Que le brick voyageur, armé pour s'enrichir
Des parfums du Niger, de l'Indus et du Phase,
S'élance des chantiers qu'en glissant il embrase ;
Que du fruit cotonneux des champs américains
La poulie en criant charge vos magasins ;
Sortant à grains dorés du boucaut qui se vide,
Que le Moka pour vous s'élève en pyramide,
Et que de vos trésors quelques faibles ruisseaux,
Détournés de leur cours, tombent dans nos bureaux.

Venez sur notre scène, à vos frais embellie,
Courtiser chaque soir Melpomène et Thalie...
Melpomène !... à ce nom ne vous alarmez pas ;
La muse de GRÉTRY sur elle aura le pas.
De tragiques douleurs pourraient mettre à la gêne
Les Colins obligés de la troupe indigène ;
Nous ferons succéder à leurs tendres accens,

---

[*] Sir Sidney Smith

POUR LE THÉATRE DU HAVRE.

Non pas d'un dieu proscrit les bandits innocens,
Mais l'heureux Vaudeville, enfant de la satire,
Dont le luth bas-normand naquit au Val de Vire.

Enfin nous tenterons de plus nobles efforts,
Quand Mars et quand Talma, passagers sur nos bords,
Offriront aux bravos ce talent admirable,
Qui n'imita personne et reste inimitable.

Heureux de nos autels les humbles desservans.
Si le dieu trop connu qui déchaîne les vents,
Nous épargnant au port ses sifflemens sinistres,
A nos dépens jamais ne vous prend pour ministres ;
Et plus heureux l'auteur qui composa ces vers,
S'il n'a point profané des noms qui vous sont chers,
Et s'il fait partager à votre ame attendrie,
Le plaisir qu'il éprouve en chantant sa patrie.

ÉPITRE

A M. A. DE LAMARTINE.

Captif sous mes rideaux, dont la double barrière
Enfermait avec moi la fièvre meurtrière,
J'humectais vainement mes poumons irrités
Des sirops onctueux par Charlard inventés;
Mon rhume s'obstinait, et ma bruyante haleine
Par secousse, en sifflant, s'exhalait avec peine.
Tes vers, qui m'ont sauvé, m'ont appris, un peu tard,
Qu'Apollon, pour guérir, vaut son docte bâtard;
Et je crois, plein du dieu qu'en te lisant j'adore,
Que l'oracle du Pinde est celui d'Épidaure.

Oui, tu m'as bien compris; oui, cette liberté
Qui séduit ma raison à sa mâle beauté,
Que ma muse poursuit de son ardent hommage,
Et dont mes fleurs d'un jour ont couronné l'image,
Propice à l'innocent, redoutable au pervers,
Est celle que Socrate invoque dans tes vers.

Messène l'adorait au pied du mont Ithôme,
Venise n'embrassa que son sanglant fantôme;
Son arc de l'Helvétie a chassé les Germains,
Et la flèche de Tell étincelle en ses mains.

Créé pour commander, l'homme naquit sans maître,
Et, chef-d'œuvre imparfait du Dieu qui le fit naître,
Avec l'instinct du bien vers le mal emporté,
Pour choisir la vertu reçut la liberté.
La licence est en lui l'abus d'un droit sublime :
La liberté gouverne, et la licence opprime.
Elle seule, à nos yeux, de son front sans pudeur
Sous un masque romain déguisa la laideur,
Et, de la liberté simulacre infidèle,
Lui ravit nos respects en se donnant pour elle.
L'excès de la raison comme un autre est fatal,
Et l'abus d'un grand bien le change en un grand mal
Pour détrôner l'abus, proscrirons-nous l'usage?
Mais quel bienfait si grand, ou quelle loi si sage,
Hors la tendre amitié, quel sentiment si beau,
Dont l'abus dangereux n'ait pas fait un fléau?
Du soupçon à l'œil faux la prudence est suivie,
Et l'émulation traîne après soi l'envie :
Pour la philosophie, un jour on m'a conté
Que son front se gonfla d'avoir trop médité,

A M. A. DE LAMARTINE.

Son cerveau douloureux s'ouvrit, et le sophisme
En sortit tout armé d'un double syllogisme;
Entre Euclide et Pascal, de l'excès du savoir
Naît le doute effaré qui regarde sans voir;
La faiblesse pour mère a l'extrême indulgence,
Et l'extrême justice est presque la vengeance.
En punissant la faute, elle insulte au malheur :
La torture, à sa voix, fait mentir la douleur.
Thémis moins rigoureuse est aujourd'hui plus juste;
Mais on la trompe encore, et sa balance auguste
N'incline pas toujours du côté du bon droit;
Son glaive tombe à faux et frappe en maladroit.

La chicane au teint jaune, aux doigts longs et difformes,
Entoure son palais du dédale des formes;
Et, dans l'obscurité, les plaideurs aux abois
Sont par leurs défenseurs pillés au fond du bois.
J'ôte à ce parvenu la toge qui le pare,
Et je découvre un sot caché sous la simarre !
Que faire? de Thémis briser les tribunaux?
Mettre sa toque en cendre, et sa robe en lambeaux !
Mais je vois un bandit, qui ne craint plus l'enquête,
A ma bourse, en plein jour, adresser sa requête;
Et deux plaideurs manceaux, de colère animés,
En champs clos, pour leurs droits plaider à poings fermés.

EPITRE

Noble chevalerie, autrefois ta bannière
De l'Orient pour nous rapporta la lumière.
J'aime avec l'Arioste à vanter tes exploits
Dont la justice errante a devancé les lois ;
A voir tes jeux guerriers, ton amoureux servage
Adoucir de nos mœurs l'aspérité sauvage.
Mais dans leurs jeux parfois tes preux moins innocens
Ont, la lance en arrêt, détroussé les passans,
Ont levé sur l'hymen des dîmes peu morales,
Et possesseurs armés de leurs jeunes vassales,
Opposant aux maris un rempart crénelé,
Ont fait plus d'orphelins qu'ils n'en ont consolé.
Eh bien! de nos romans bannirons-nous tes fées?
Irons-nous, de l'histoire arrachant tes trophées,
Des excès féodaux d'un fougueux châtelain
Flétrir Clisson, Roland, Bayard et Duguesclin ?

Le saint amour des rois dans sa ferveur antique,
Des plus beaux dévoûmens fut la source héroïque.
Mais cet amour outré mène au mépris des lois,
Foule à pieds joints l'honneur, le bon sens et nos droits,
Sous le joug du pouvoir se jette avec furie,
Compte un homme pour tout et pour rien la patrie.
J'en conclus qu'en tous lieux, surtout chez les Français,
L'incertaine raison marche entre deux excès.

Et court, dès qu'un faux pas l'écarte de sa route,
Du bonheur qu'on espère au malheur qu'on redoute;
Ainsi qu'un clair ruisseau captif entre ses bords,
Qui sans les inonder leur verse ses trésors,
Gonflé par un orage, en un torrent se change,
Et roule sur les fleurs, les débris et la fange :
Si les lois, si les arts, le bon droit, le bon goût,
Si tout admet l'excès, si l'excès flétrit tout,
Ami, la liberté n'en est pas plus complice
Que toute autre vertu dont l'abus est un vice.
A son front virginal ma main n'a pas ôté
Le bonnet phrygien qu'il n'a jamais porté.
Pourquoi donc, trop séduit d'une fausse apparence,
Nommer la liberté quand tu peins la licence?

Eh! que répondrais-tu, si quelque noir censeur,
Trompé par tes accords et sourd à leur douceur,
Dans la vierge immortelle à qui tu rends hommage
Voulait voir cet esprit d'imposture et de rage
Qui, sur les bancs dorés d'un concile romain,
Présida dans Constance, un brandon à la main;
De Jean Hus, en priant, signa l'arrêt barbare,
Au front d'un Alexandre égara la tiare;
Qui, le doigt sur la bouche, au fond du Louvre assis.
Attisait les complots que soufflait Médicis,

ÉPITRE

Et poussait Charles-Neuf, quand ses mains frénétiques
Frappaient d'un plomb dévot des sujets hérétiques;
Qui, se signant le front, l'air contrit, l'œil fervent,
Pour immoler Henri s'échappait d'un couvent;
Dont partout aujourd'hui la tortueuse audace
Se mêle en habit court aux nouveaux fils d'Ignace,
Qui prêche sous le frac, rampe sous le surplis,
Cache son embonpoint sous sa robe à longs plis :
Malgré ses trois mentons, vante ses abstinences,
Se glisse incognito de la chaire aux finances,
Résigné, s'il le faut, à sauter du saint lieu
Dans le fauteuil royal où s'assit Richelieu ?

Mais non, ce fanatisme est l'abus que je blâme,
Il n'a pas allumé ces traits de vive flamme
Qui, par l'aigle de Meaux à ta muse inspirés,
Brillent comme un reflet de ses foudres sacrés.
Il n'a pas modulé ces sons dont l'harmonie
Semble un écho pieux des concerts d'Athalie.
Non, non, ce n'est pas lui que ta lyre a chanté :
C'est la religion, sœur de la liberté ;
Un flambeau dans les mains, les ailes étendues,
Des bras du roi des cieux toutes deux descendues.
Chez les rois de la terre ont voulu s'exiler
Pour affranchir l'esclave ou pour le consoler.

A M. A. DE LAMARTINE.

Toutes deux ont ensemble erré parmi les tombes ;
Toutes deux, s'élançant du fond des catacombes,
Sous un même drapeau marchaient d'un même pas,
Répandaient la lumière, et ne l'étouffaient pas.

L'une, le front paré des palmes du martyre,
Présente l'espérance aux humains qu'elle attire ;
Clémente, elle pardonne avec Guise expirant,
Embrase Fénelon d'un amour tolérant,
Guide Vincent de Paul, ensevelit Voltaire ;
Brûle de chastes feux ces anges de la terre
Qui sans faste et sans crainte à la mort vont s'offrir
Pour sauver un malade ou l'aider à mourir.
L'autre, le casque en tête et le pied sur des chaînes,
Sourit à Miltiade, inspire Démosthènes,
Joue avec le laurier cueilli par Washington,
Et l'offre aux dignes fils des Grecs de Marathon,
Libres s'ils sont vainqueurs, et libres s'ils périssent.
Qu'un poète secourt, et que des rois trahissent.
Viens, et sans condamner nos cultes différens ;
Viens aux pieds des deux sœurs échanger nos sermens,
Éclairés par leurs yeux, réchauffés sous leurs ailes,
Pour les mieux adorer unissons-nous comme elles.
Et dans un même temple, à deux autels voisins,
Offrons nos dons divers sans désunir nos mains

ÉPITRE A M. A. DE LAMARTINE.

Que j'aime le tableau de ta barque incertaine
Cédant en vers si doux au souffle qui l'entraîne !
Au gré des flots mouvans, par la brise effleurés,
Sous nos deux pavillons nous voguons séparés ;
Mais quel que soit le bord où tende notre audace,
Pour nous montrer du doigt l'écueil qui nous menace,
Nous saluer d'un signe et d'un regard ami,
Laissons tomber la rame élevée à demi.
Demandons l'un pour l'autre une mer sans orage,
Un ciel d'azur, un port au terme du voyage,
Un vent qui nous y mène, et propice à tous deux,
M'apportant tes souhaits, te reporte mes vœux.

ÉPITRE

A MESSIEURS DE L'ACADÉMIE FRANCAISE,

SUR CETTE QUESTION.

L'étude fait-elle le bonheur dans toutes les situations de la vie?

> Et proposui in animo meo quærere
> investigare sapienter de omnibus quæ fiunt
> sub sole. Hanc occupationem pessimam dedit
> Deus filiis hominum, ut occuparentur in ea.
> ECCLESIASTES. cap. I.

Illustres héritiers du sceptre académique,
Tous égaux en pouvoir, vous dont la république
Offre aux regards surpris de cet accord heureux,
Quarante souverains qui sont unis entre eux ;
Souffrez que la Sorbonne, armée à la légère,
Hasarde contre vous un combat littéraire.
Le bonnet de docteur couvre mes cheveux blancs,
Et pour argumenter je monte sur les bancs.

A MESSIEURS

Des neuf Vierges du Pinde éloquens interprètes,
Le ciel vous a dotés de ses faveurs secrètes ;
Vous avez vu les fruits de vos nobles travaux
D'un public idolâtre emporter les bravos :
Soit que, les yeux en pleurs, sur la scène il contemple
Benjamin, Clytemnestre et les héros du Temple ;
Que deux amis rivaux, pour corriger Paris,
Reproduisent Térence et Plaute en leurs écrits ;
Soit que vous décriviez, sur le mont d'Aonie,
Les doux travaux des champs et les lois d'Uranie ;
Que la grave Clio vous prête son burin,
Ou qu'Apollon vous guide, un Homère à la main ;
Je le sais, une étude et constante et profonde
Des triomphes pour vous fut la source féconde.
L'étude, à vous entendre, est un divin secours ;
De l'existence entière elle embellit le cours...
Rebelle sur ce point, pardonnez si ma plume
Prouve que ces plaisirs sont mêlés d'amertume ;
Que, semblable à ce mets du bossu phrygien,
L'étude est un grand mal comme un souverain bien.
Le besoin de parler m'entraîne à contredire ;
Je suis vieux et docteur, passez-moi mon délire.

Heureux, heureux le temps où les premiers humains
Du temple de mémoire ignoraient les chemins !

Non pas qu'au siècle d'or ma muse les couronne
Des éternelles fleurs d'un printemps monotone ;
Non que je prise fort l'innocence des mœurs,
Qui dans un lourd repos assoupit nos humeurs,
Eteint des passions les flammes immortelles ;
Il n'est point de grandeur, point de bonheur sans elles.
Humains, j'aime à vous voir, en ce siècle vanté,
Jouir avec excès de votre liberté.
Dans de vieux prejugés votre esprit à la gêne
N'était pas en naissant accablé sous sa chaîne ;
Vous n'aviez point payé, par d'arides travaux,
Les tristes visions qui troublent nos cerveaux ;
De la nature encor vous respectiez les voiles ;
Qui de vous disputait sur le cours des étoiles ?
Le fanatisme ardent, qui parle au nom du ciel,
Ne gonflait point vos cœurs d'arrogance et de fiel ;
Des sectes et des lois dédaignant l'esclavage,
Vous réfléchissiez moins, vous sentiez davantage
Votre amour est farouche et tient de la fureur :
Votre prompte justice imprime la terreur ;
Mais dans l'aspérité de vos vertus naïves
Brillent du naturel les traces primitives.
J'admire plus cent fois ce lion furieux,
Qui, la gueule béante et le sang dans les yeux.
Les ongles tressaillant d'une effroyable joie.

Suit son instinct féroce et déchire sa proie,
Que ces ours baladins, sous le bâton dressés,
Etalant aux regards leurs ongles émoussés,
Leur gueule sans honneur, que le fer a flétrie,
Attributs impuissans d'une race avilie.

Las d'un libre destin, las de sa dignité,
L'homme sur ses autels plaça la vanité.
Le front chargé d'ennuis, l'étude prit naissance,
Et l'erreur, à sa voix, détrôna l'ignorance.
L'homme a dit* : « Je sais tout et j'ai tout défini;
« J'ai pour loi la raison, pour borne l'infini.
« L'étude me ravit à des hauteurs sublimes :
« De ce globe étonné j'ai sondé les abîmes :
« Cet élément subtil dont il roule entouré ;
« Ce feu, de tous les corps le principe sacré,
« L'onde qui les nourrit de ses flots salutaires,
« N'ont pu contre mes yeux défendre leurs mystères.
« Est-il quelques secrets, cachés au fond des cieux,

---

* Locutus sum in corde meo, dicens : Ecce magnus effectus sum, et præ-
cessi omnes sapientia qui fuerunt ante me in Jerusalem et mens mea contem-
plata est multa sapientes, et didici

Dedique cor meum ut scirem prudentiam atque doctrinam, errores et stul-
titiam, et agnovi quod in his quoque esset labor et afflictio spiritus

(ECCLESIASTES, cap 1)

« Que n'ait point pénétrés mon regard curieux?... »
Moins fier de sa raison, il eût mieux dit peut-être :
« J'ai su tout expliquer, ne pouvant tout connaître. »
L'insensé ! quels combats il s'épuise à livrer,
Pour détruire un mensonge ou pour le consacrer !
Que d'efforts malheureux, que de veilles stériles !
Qu'il érige à grands frais de systèmes fragiles !
Ptolémée, illustré par cent travaux divers*,
Dans un ciel de cristal fait tourner l'univers.
D'autres, soumettant tout aux lois de Polymnie**,
Des cercles étoilés ont noté l'harmonie.
Si le temps nous éclaire et les a réfutés,
Le temps de mille erreurs a fait des vérités.
Tout le savoir humain n'est qu'un grand labyrinthe.
L'étude nous conduit dans cette obscure enceinte ;
De son fil embrouillé, qui s'alonge toujours,
On suit péniblement les tortueux détours ;
Le voyageur perdu marche de doute en doute,
Et sans se retrouver expire sur la route.

A peine un faible enfant, échappé du berceau,

---

* Ptolémée, surnommé le Très Sage et le Divin, supposa l'existence d'un dernier ciel de cristal qui imprimait le mouvement a tous les autres

** On connaît les idees des anciens sur l'harmonie des corps celestes Pythagore et ses disciples avaient représenté par les sept notes de la musique les sept planètes alors connues

A brisé ces liens qui révoltaient Rousseau,
Les Quatre-Facultés, dont la voix l'endoctrine,
Epouvantent ses yeux de leur manteau d'hermine.
Certes, quand la frayeur hâte ses premiers pas,
Le chemin qu'il parcourt a pour lui peu d'appas.
Ne maudissiez-vous point Sophocle et Stésichore,
Quand, leurs vers à la main, vous ignoriez encore
Que vous deviez un jour chez nos derniers neveux
Leur disputer l'honneur d'être maudits comme eux ?

Mais du collége enfin foulez aux pieds les chaînes.
O liberté ! sans toi les plaisirs sont des peines !
Quel destin vous attend, si de la vérité
Le flambeau redoutable est par vous présenté !
Que de petits esprits, jaloux des noms célèbres,
Prendront contre le jour parti pour les ténèbres !
Leur nombre dangereux fait leur autorité :
Les sots depuis Adam sont en majorité.

La divinité même inspire Anaxagore* :
D'un exil flétrissant l'arrêt le déshonore
Les rêves d'Aristote abusaient nos aïeux :

---

* Anaxagore soutint le premier qu'une intelligence divine avait présidé à
l'arrangement de l'univers Les prières de Périclès, son élève et son ami, n
purent lui épargner la honte d'être chassé d'Athènes, comme un impie

Galilée indigné change l'ordre des cieux.
Sans pitié loin du centre il rejette la terre,
Du soleil par sa marche il la rend tributaire...
N'a-t-il pas expié par trois ans de prison
L'inexcusable tort d'avoir trop tôt raison?
Répondez : que servit aux maîtres de la lyre
De suivre les écarts d'un immortel délire?
Faut-il d'un seul exemple attrister vos regards?
Le siècle de Louis, le siècle des beaux-arts,
N'accorda qu'à regret, vaincu par la prière,
Du pain au grand Corneille, une tombe à Molière.
Nourrissez donc le feu de vos nobles désirs,
Immolez à l'étude état, repos, plaisirs ;
Veillez, jeunes auteurs, pour qu'un jour d'injustice
De dix ans de travail renverse l'édifice.
Je veux qu'un beau succès couronne votre orgueil;
Un peuple d'ennemis vous suit jusqu'au cercueil.
Triste sort des talens! La noire calomnie
Flétrit de ses poisons le laurier du génie;
Mille insectes impurs en rongent les rameaux,
Et, comme le cyprès, c'est l'arbre des tombeaux.

Vous, qu'Apollon choisit pour siéger dans son temple,
Oserai-je en passant vous citer votre exemple?
Que de fois la critique a de son trait cruel

Effleuré jusqu'au vif votre cœur paternel !
Que de fois l'indigence au fond de votre asile,
Sans feu, durant l'hiver, fixa son domicile,
Quand vous n'osiez encore, humbles dans votre orgueil,
Aspirer aux honneurs de l'immortel fauteuil !

Mais sortez, direz-vous, du temple de mémoire ;
Cessez d'unir l'étude à l'amour de la gloire...
Vous m'avez prévenu ; c'est dans l'obscurité
Que l'étude est un pas vers la félicité.
La vérité m'attire, et, soigneux de me taire,
Je la cherche, la trouve, et la cache au vulgaire...
La cacher ! à ce mot vous répondez soudain,
Comme l'eût fait Caton dans le sénat romain :
« La cacher ! il le faut, si sa clarté peut nuire ;
« Mais au pied du bûcher dût-elle te conduire,
« Si tu conçois l'espoir d'être utile aux humains,
« Parle ! aux fers des tyrans cours présenter tes mains.
« Parle, c'est ton devoir ; philosophe, à quel titre
« Du bonheur des mortels te rendrais-tu l'arbitre ?
« Tu pâlis... De quel droit priver des malheureux
« De ce dépôt sacré qui t'est commis pour eux ?
« La gloire n'est, dis-tu, qu'une illustre fumée ?
« Il s'agit d'une dette, et non de renommée.
« Parle au prix de tes jours ; le sacrifice est grand.

« Mais tu te l'imposais toi-même en t'éclairant.
« Ton honneur, ton pays, le monde le réclame ;
« Meurs donc infortuné pour ne pas vivre infame. »

L'alternative est grave, et, parmi vous, je crois
Qu'on eût vu Fontenelle hésiter sur le choix.
Un auteur fut souvent brûlé pour un bon livre ;
Il est beau d'être lu, mais il est doux de vivre.
Je suis sexagénaire et crains de m'exposer ;
Que j'arrive à cent ans, et je veux tout oser.
Voilà mon sentiment, Messieurs, ne vous déplaise.
Je le redis encor, retranché dans ma thèse :
Comme ce roi Janus qu'adora l'univers,
L'étude offre à mes yeux deux visages divers.
L'un est bouffi d'orgueil, mais pâle de tristesse ;
L'autre, calme et riant, ressemble à la Sagesse.
Le sage qui la suit, prompt à se modérer,
Sait boire dans sa coupe et ne pas s'enivrer.
Quel que soit de nos jours ou l'éclat ou le nombre,
L'existence de l'homme est le rêve d'une ombre* :
Veux-tu donc l'embellir ce rêve passager ?
Pourquoi chercher au loin un bonheur mensonger ?

---

* Σκιᾶς ὄναρ ἄνθρωπος. (PINDARE.)

Livre-toi tout entier à la douceur secrète
D'ensevelir ta vie au fond d'une retraite.
Sans t'épuiser en soins, sans te perdre en projets,
Laisse errer ton esprit sur la fleur des objets ;
Repoussant loin du mien l'aliment qui l'accable,
Je cherche à le nourrir d'une science aimable.
J'exerce ma raison avec timidité ;
J'adore sans orgueil la sainte vérité.
Virgile ou Cicéron m'enflamme à son génie ;
Ils me font tour à tour fidèle compagnie.
Que j'aime Cicéron lassé du consulat,
Préférant Tusculum aux pompes du sénat !
Entouré de faisceaux, je l'admirais dans Rome ;
Là, je vois l'homme heureux qui vaut bien le grand homme.

Le sort m'a-t-il repris ces présens incertains,
L'étude moins trompeuse adoucit mes chagrins,
De mes sens agités calme l'inquiétude,
Dissipe mes ennuis, peuple ma solitude.

O champs de la Neustrie, ô fertiles vallons !
Quand la fraîcheur du soir descend du haut des monts,
Sous des pommiers en fleurs, à l'ombre des vieux chênes,
Laisse-moi m'égarer aux bords de vos fontaines !
L'aspect de l'univers m'élève à son auteur ;

Il me révèle un dieu, mais un dieu bienfaiteur.
J'apprends à mépriser cette horreur fantastique
Qu'au chevet des mourans plaça la politique.
Doit-on dans ses décrets prévenir l'Éternel?
Mortel, songe à toi-même en jugeant un mortel;
Et, faible comme lui, ne sois pas plus sévère
Que ce dieu qui pardonne ou qui punit en père.
Avons-nous à pleurer la perte d'un ami?
Notre esprit est plus fort par l'étude affermi.
Que c'est bien, à mon sens, la volupté suprême,
D'oublier les humains, de descendre en soi-même,
De fixer dans son cœur, trop long-temps combattu,
L'inaltérable paix que donne la vertu!
Fais-toi donc de te vaincre une douce habitude;
Oui, consacre ta force à cette noble étude;
Elle est digne de l'homme, elle mène au bonheur :
Apprends, pour être heureux, à devenir meilleur.

Mais je vous vois sourire, auguste Aréopage;
« Docteur, me dites-vous, c'est raisonner en sage :
« Pour vous l'étude obscure a seule des douceurs;
« Vous rimez cependant en blâmant les neuf Sœurs...»
J'entends, brûlez mes vers. Dans l'ardeur d'un beau zèle,
Je condamnais la gloire et l'étude avec elle.
Ingrat, je blasphémais ; leurs rêves séduisans

D'un orgueilleux espoir caressaient mes vieux ans,
Me promettaient déjà cette palme éclatante,
Digne prix qu'Apollon par vos mains nous présente;
Dans mon cœur épuisé réveillaient des désirs,
Et réfutaient mes vers en charmant mes loisirs;
J'étais heureux enfin. Dans cette triste vie,
Où de revers si prompts la victoire est suivie,
Où nos plus doux plaisirs deviennent nos bourreaux,
L'étude, après l'amour, est le meilleur des maux.

L'ATTENTE.

> Tutto con te mi piace
> Sia colle, o selva, o prato
> MÉTASTASE

L'aurore a chassé les orages :
D'un voile de pourpre et d'azur
Elle pare un ciel sans nuages ;
L'onde roule un cristal plus pur.

Sur un gazon humide encore,
Aux premiers regards du soleil,
La rose, se hâtant d'éclore,
Ouvre un calice plus vermeil ;

Un zéphir plus doux la caresse ;
Les oiseaux sont plus amoureux ;
La vigne avec plus de tendresse
Embrasse l'ormeau de ses nœuds

L'ATTENTE.

Dans ces retraites solitaires,
Tout s'embellit de mon espoir :
Frais gazons, beau ciel, onde claire,
Sauriez-vous qu'elle vient ce soir?

VERSAILLES.

ÉLÉGIE.

Reviens, ô mon unique amie,
Dissipe un noir chagrin qui trouble ma raison :
Reviens, quitte un moment cette ville embellie
    Par les arts, enfans d'Apollon,
  Ce palais, ces jardins créés par le génie
    De Le Nôtre et de Girardon.

  Dans un séjour si fécond en prodiges
    Tu ne peux entendre ma voix ;
Ces lieux, pour t'arrêter, épuisent leurs prestiges :
Du travail la nature a reconnu les lois
    En fertilisant ces campagnes.
Un fleuve obéissant a franchi des montagnes

Pour offrir son tribut au plus fier de nos rois;
Comme dans les jeux du théâtre,
Soigneux de présenter mille aspects différens,
Tantôt c'est un torrent que presse un lit d'albâtre;
Tantôt, pour réfléchir des traits que j'idolâtre,
Il étend le miroir de ses flots transparens;
Son onde te poursuit en ruisseaux divisée :
Elle éblouit tes yeux de ses jets éclatans,
Étincelle dans l'air, et, tombant en rosée,
Brille sur tes cheveux flottans.

Lebrun a peint sur ces portiques
Et les amours des dieux et les horreurs de Mars;
Pour admirer ces lambris magnifiques
Il a vu s'arrêter Luxembourg et Villars.

O chefs-d'œuvre divins! quel nouveau Praxitèle
Anima dans ces lieux et le marbre et l'airain?
Des Muses la troupe immortelle
Semble servir encor son jeune souverain;
Pour arracher sa main du chêne qui la presse,
Sous un monstre en fureur Milon se dresse encor;
Pluton, brûlant d'amour, ravit une déesse;

ÉLÉGIE.

Mercure va parler : l'Amour a pris l'essor!...
Non, tu ne peux quitter ce palais, ces ombrages;
Je dois te pardonner de m'oublier pour eux.
Renaissez autour d'elle, errez dans les bocages,
Courtisans, magistrats et poètes fameux :
  Reviens sous ces ormeaux antiques,
   O vénérable Fénelon!
  Échos, répétez les cantiques
Où Racine a pleuré les malheurs de Sion!
Benserade, Boileau, Sévigné, La Bruyère,
Écoutez en riant les contes d'Hamilton;
Zéphirs, semez des fleurs sous les pas de Ninon,
Et vous, grands de la cour, applaudissez Molière!

Là, le plus amoureux, le plus beau des mortels
En pompe a célébré ses brillans carrousels;
Mille nobles beautés entouraient la carrière,
Armaient les combattans, couronnaient les vainqueurs.
C'est là que, rayonnant d'une splendeur guerrière,
Louis fit triompher les modestes couleurs
  Et le chiffre de La Vallière.
La Vallière! à ce nom quel tendre souvenir
  Dans mon triste cœur se ranime!
De sa fidélité fallait-il la punir?

Le grand cœur de Louis ne fut pas magnanime,
Il brisa sans pitié ce fortuné lien.
Hélas, elle aimait trop, c'était là tout son crime,
　　Et ce crime est aussi le mien.

A MON AMI***

EN LUI DEMANDANT, POUR UNE VIEILLE FEMME,
UNE PLACE DANS UN HOSPICE.

Au secours d'une infortunée
La pitié m'appelle aujourd'hui,
Et je réclame ton appui
Pour adoucir sa destinée.

La faiblesse enchaîne ses pas ;
Sur son front tremblant, qui s'incline,
L'âge accumule ses frimas :
Elle est bien vieille comme Alcine ;
Pour sorcière, elle ne l'est pas.

Ami, sois donc sa providence :
Elle compte plus d'un rival ;
Hélas ! dans ce siècle fatal,

On trouve encor la concurrence
A la porte de l'hôpital.

Mon astre, dit-on, me menace
D'y mourir aux dépens du roi !
Pour elle accorde-moi la place,
Et la survivance pour moi.

LA PARISIENNE.

MARCHE NATIONALE.

Peuple français, peuple de braves,
La Liberté rouvre ses bras;
On nous disait : soyez esclaves!
Nous avons dit : soyons soldats!
Soudain Paris dans sa mémoire
A retrouvé son cri de gloire :

En avant, marchons
Contre leurs canons!
A travers le fer, le feu des bataillons,
Courons
A la victoire!

Serrez vos rangs ; qu'on se soutienne !
Marchons ! chaque enfant de Paris
De sa cartouche citoyenne
Fait une offrande à son pays.
O jours d'éternelle mémoire !
Paris n'a plus qu'un cri de gloire :

En avant, marchons
Contre leurs canons !
A travers le fer, le feu des bataillons,
Courons
A la victoire !

La mitraille en vain nous dévore ;
Elle enfante des combattans :
Sous les boulets voyez éclore
Ces vieux généraux de vingt ans.
O jours d'éternelle mémoire !
Paris n'a plus qu'un cri de gloire :

En avant, marchons
Contre leurs canons !

LA PARISIENNE.

A travers le fer, le feu des bataillons,
>Courons
>A la victoire!

Pour briser ces masses profondes,
Qui conduit nos drapeaux sanglans ?
C'est la Liberté des Deux-Mondes :
C'est Lafayette en cheveux blancs!
O jours d'éternelle mémoire!
Paris n'a plus qu'un cri de gloire :

En avant, marchons
Contre leurs canons!
A travers le fer, le feu des bataillons,
>Courons
>A la victoire!

Les trois couleurs sont revenues,
Et la colonne avec fierté
Fait briller à travers les nues
L'arc-en-ciel de la Liberté.

LA PARISIENNE.

O jours d'éternelle mémoire !
Paris n'a plus qu'un cri de gloire :

En avant, marchons
Contre leurs canons !
A travers le fer, le feu des bataillons,
Courons
A la victoire !

Soldat du drapeau tricolore,
D'Orléans, toi qui l'as porté !
Ton sang se mêlerait encore
A celui qu'il nous a coûté.
Comme aux beaux jours de notre histoire
Tu redirais ce cri de gloire :

En avant, marchons
Contre leurs canons !
A travers le fer, le feu des bataillons,
Courons
A la victoire !

LA PARISIENNE.

Tambours, du convoi de nos frères,
Roulez le funèbre signal,
Et nous, de lauriers populaires
Chargeons leur cercueil triomphal.
O temple de deuil et de gloire,
Panthéon, reçois leur mémoire!

Portons-les, marchons,
Découvrons
Nos fronts;
Soyez immortels, vous tous que nous pleurons,
Martyrs de la victoire!

FIN DU PREMIER VOLUME.

TABLE DES MATIÈRES

CONTENUES DANS CE VOLUME.

Réflexions sur l'esprit et le caractère des Messéniennes. . . . . Pages   1

MESSÉNIENNES.

Envoi des Messeniennes a madame ✝✝✝.   19
Première Messénienne. — La bataille de Waterloo. . .   21
Seconde Messénienne. — La devastation du Musee et des
    monumens.   27
Troisième Messénienne. — Du besoin de s'unir après le
    départ des étrangers.   35
Quatrième Messénienne. — La vie de Jeanne d'Arc. . . .   45
Cinquième Messénienne — La Mort de Jeanne d'Arc. . .   51
Sixième Messénienne. — Le Jeune Diacre, ou la Grèce
    chretienne.   59
Septième Messénienne — Parthénope et l'Etrangère. . .   60
Huitieme Messénienne. — Aux ruines de la Grèce paienne.   75
Neuvième Messénienne. — Tyrtee aux Grecs.   81
Dixième Messénienne — Le Voyageur.   89
Onzième Messénienne — A Napoleon.   97
Douzième Messénienne. — Lord Byron   107
Épilogue.   117

NOUVELLES MESSÉNIENNES.

Première Messénienne — Le Depart.   121

TABLE DES MATIÈRES.

Seconde Messénienne. — Trois jours de Cristophe Colomb. 129
Troisième Messénienne. — Le Vaisseau. 139
Quatrième Messénienne. — La Sybille. 147
Cinquième Messénienne. — Les Funérailles du général Foy. 157
Sixième Messénienne. — Adieux à Rome. 167
Septième Messénienne. — Promenade au Lido. 175
Épilogue. 185
Une Semaine de Paris. 189

NOTES.

Le depart 201
Cristophe Colomb. 204
La Sybille. 205
La Semaine de Paris. 208

ÉTUDES SUR L'ANTIQUITÉ.

Les Troyennes, cantate. 211
Danaé. 219
Antigone et Ismène. 225
Hymne à Venus. 227
Ode. 231
A mes Amis. 235
Au Vallon d'Argentol. 237
Stances. 241
Imitation d'une scene de l'Hecube d'Euripide. 245

DISCOURS ET POESIES DIVERSES.

Dithyrambe 255

TABLE DES MATIÈRES.

La découverte de la Vaccine, discours en vers. 265
Discours d'ouverture du second Théâtre Français. 275
Discours d'inauguration pour le Théâtre du Hâvre. 285
Épître à M. A. de Lamartine. 291
Épître à Messieurs de l'Académie Française. 299
L'Attente. 311
Versailles, Élégie. 315
A mon ami***, en lui demandant, pour une vieille femme,
    une place dans un hospice. 317
La Parisienne. 319

FIN DE LA TABLE.

www.ingramcontent.com/pod-product-compliance
Lightning Source LLC
Chambersburg PA
CBHW060335170426
43202CB00014B/2781